本书由中信改革发展研究基金会资助

烟台经验
——乡村振兴之路

智广俊 著

中国城市出版社

图书在版编目（CIP）数据

烟台经验：乡村振兴之路 / 智广俊著 . —北京：
中国城市出版社，2020.12
　　ISBN 978-7-5074-3353-1

　　Ⅰ. ①烟…　Ⅱ. ①智…　Ⅲ. ①农村—社会主义建设—
研究—烟台　Ⅳ. ① F327.523

中国版本图书馆CIP数据核字（2021）第028262号

　　党支部领办合作社是中共烟台市委组织部在实施乡村振兴战略工作中总结出的经验。2020年春，烟台市已在2311个村里建立了党支部领办合作社，占全市行政村数量的三分之一。2019年10月中信改革发展基金会在烟台市召开专题研讨会，12月在中国政策研究会等四家单位举办的三农会议上，听取了烟台组织部部长的典型发言。今年开春，山东省委重点推广烟台经验。烟台经验对全国发展兴办农民合作社起着引领作用。《烟台经验——乡村振兴之路》一书反映了烟台市党支部领办合作社的全貌，重点介绍了三十多个合作社的典型经验和主要做法，着重描写刻画了在乡村振兴工作中涌现出来的优秀党支部书记和其他先进人物，弘扬了正能量。

　　这篇报告文学是中信改革发展研究基金会资助的调研课题。中信科学发展研究基金会理事长孔丹和高梁老师为此书作了序。

责任编辑：宋　凯　朱晓瑜
责任校对：焦　乐

烟台经验
—— 乡村振兴之路
智广俊　著

*

中国城市出版社出版、发行（北京海淀三里河路9号）
各地新华书店、建筑书店经销
北京建筑工业印刷厂制版
北京京华铭诚工贸有限公司印刷

*

开本：787毫米×1092毫米　1/16　印张：9¼　字数：141千字
2021年4月第一版　　2021年4月第一次印刷
定价：**39.00元**
ISBN 978-7-5074-3353-1
　　（904330）

版权所有　翻印必究
如有印装质量问题，可寄本社图书出版中心退换
（邮政编码100037）

序 言：
走新时代合作化道路，推进实施乡村振兴战略

孔丹　高梁

党的十九大提出实施乡村振兴战略，这是建设社会主义现代化的全局性、历史性任务。

20世纪80年代初，农村推行家庭联产承包责任制，极大地激发了农民的生产积极性，在当时低水平的技术装备条件下，有效地增加了农业产出，走好了中国经济体制改革的第一步。然而，四十年来随着农业技术和装备水平的提高、多种经营和农业社会化的发展，对适度规模经营、提高农业组织化程度的要求愈益迫切。分散的小农经营和市场大环境的矛盾日益突显；在城镇化趋势下，乡村治理涣散、人才外流和老龄化等问题长期得不到解决。

早在三十年前，邓小平同志就指出，中国的社会主义农业改革和发展，从长远的观点看要有两个飞跃：第一个飞跃是实行家庭联产承包制为主的责任制；第二个飞跃是适应科学种田和生产社会化的需要，发展适度规模经营，发展集体经济，也就是向高水平的集体化前进。

在新时代，党中央提出要按照产业兴旺、生态宜居、乡风文明、治理有效、生活富裕的总要求，全面实施乡村振兴战略，并指出这是新时代"三农"工作总抓手。

人类生产力不管发展到何种程度，农业作为国民经济的基础不会改变。我国改革开放以来，工业化、城镇化有了长足的进展。从长远看，城乡共生并存这一格局也不会改变。处理好工农关系和城乡关系，事关我国现代化事业的成败，只有农村兴旺、农业发展、农民富裕，中华民族振兴才有坚实的基础。

农民是农业生产的主力军，是乡村振兴的主体。党的基层组织是团结和组织群众的先锋力量。习近平总书记多次强调，各级党委和党组织必须加强领导，为实施乡村振兴战略提供坚强政治保证；要把好乡村振兴战略的政治方向，坚持农村土地集体所有制性质，发展新型集体经济，走共同富裕道路。

在这一战略方针指导下，近年来全国各地农村的新型农民合作社有了很大发展，创造了不少新鲜的经验。2017年1月出版的王宏甲著《塘约道路》[①]，介绍了贵州省安顺市塘约村在遭遇百年不遇的洪水大灾之后，在村党支部领导下，把村民承包土地全部流转到村社一体的合作社里，依靠集体的力量，重建家园，建成了一个蓬勃发展、欣欣向荣的新农村。塘约被中央领导同志誉为"新时代的大寨"。

自2017年开始，烟台市委组织部遵照习近平总书记上述有关指示，以及《中国共产党支部工作条例（试行）》有关村党支部要"组织带领农民群众发展集体经济"的要求，于2017年4月

---

① 王宏甲. 塘约道路. 北京：人民出版社，2017.

提出"党支部领办合作社"工作任务。他们从思想动员和干部培训入手,逐步在各级党组织统一认识,同时深入群众做好思想工作,坚持群众自愿原则,从少数试点起步。通过榜样带动,鼓励各县乡从本地实际出发,就合作社的组建方式、产业选择、经营管理模式等积极探索。经过数年实践和探索,从合作社的组建方法、入股方式、经营模式、收益分配、民主决策、内外监督等方面,形成了一套有效的管理原则和制度规定。依托党支部领办合作社这个平台,把建强班子、发展经济、培养后备力量、做好群众工作等工作一揽子抓了起来。

截至2020年8月,在烟台市范围内,村党支部领办合作社已占全市村庄总数的40%,入社群众达34.5万人,带动新增集体收入3.91亿元,群众增收5.01亿元。乡村干部的精神面貌有很大改观,涌现出一批好带头人。合作社打破了分散农户的低水平增收模式,唤醒沉睡的资源,整合分散的资金,开拓了新的增收渠道。村两委服务群众有了实力,村里有事共商,群众对党支部有了信赖。村庄的文化活动、人居环境等都有了明显改观,扶贫工作有了长效机制,群众集体主义意识增强,邻里矛盾减少,人才开始回流。村庄再现蓬勃活力。

烟台市委组织部认为,实现乡村振兴,第一,要突出党的领导,党组织必须承担动员和组织群众的责任,形成有力的组织和规范的制度,才能有效参与市场竞争,实现共同富裕。第二,要突出公有制,坚持社会主义市场经济改革方向,在明晰产权的基础上推进合作化,既发挥集体组织的优势,也激发了群众的内生动力。第三,要突出人民群众主体性,发挥群众在管理和分配中的主体作用。第四,要突出共同富裕原则,新型合作社欢迎工商企业和专业大户参与乡村振兴，但要坚持合作社的主体地位，实现双赢，避免大户垄断。

烟台在全市范围有序稳步进行"村党支部领办合作社"工作，把农民组织起来，落实了基层党支部对乡村振兴工作的领导，为新时代农业合作化道路做了有益的探索。

2019年10月下旬，中信改革发展研究基金会在烟台市举办了"党的领导和乡村振兴"现场研讨会。在《经济导刊》杂志上推出研讨烟台市党支部领办合作社经验的系列文章，介绍宣传他们的经验。

《烟台经验——乡村振兴之路》的作者智广俊，是内蒙古乌兰察布市人。他在20世纪60年代末作为广大知青的一员下到卓资县农村，在乡村一待就是四十多年，主要以业余自费的形式搞农作物育种研究和农技推广工作，在小麦、大麦、燕麦三种作物上培育出5个经自治区审定命名的新品种，被评为享受国务院津贴的农业技术推广研究员。后来又从事以"三农"为题材的文学创作，出版了6本文学方面的书，获得了自治区精神文明建设"五个一"工程优秀奖1项，市级奖6项。在"三农"研究领域他也很活跃，发表了几十篇文章。他对农村深有感情，有一股献身干事的劲头。

2017年以来，智广俊同志积极参加中信改革发展研究基金会组织的活动。2020年5月，国内新冠病毒疫情有所缓和，他得到中信改革发展研究基金会的支持，前往烟台采访党支部领办合作社的工作。他在很短的时间内，以极大的激情创作出这部报告文学作品。

党支部领办合作社是烟台经验的核心内容。农民只有在党的领导下，才能组织起来，采用土地规模经营的模式，实现农业现代化生产，建设美好新农村，走共同富裕的社会主义道路。党组织只有依靠农民群众，才能发挥出巨大的组织动员群众的作用，聚集移山倒海般的能量，农村才会出现改天换地的新局面，才会实现伟大的中国梦。

虽然作者采访写作时间不算长，但由于他长期生活工作在农村，对农村、农民很熟悉，是搞农业科技的专家，长期研究"三农"问题，有相当的文学创作基础。这本书总结概括了烟台市党支部领办合作社的基本经验，挖掘出许多生动感人的故事，塑造了一批基层党支部书记、科技人员鲜明饱满的人物形象，文章可读性很强，富有正能量，推荐给大家一读。

（孔丹，中信改革发展研究基金会理事长。高梁，中信改革发展研究基金会副秘书长。）

前　言

招远市大户庄园（烟台组织部供稿）

习近平总书记在中国共产党第十九次全国代表大会所作的报告中，提出实施乡村振兴战略。习近平总书记讲：农业农村农民问题是关系国计民生的根本性问题，必须始终把解决好"三农"问题作为全党工作重中之重。

党中央提出实施乡村振兴战略的决策，像浩荡春风吹进了农村大地各个角落，八亿农民欢欣鼓舞翘首企盼新的未来，千百万农业战线上的乡村干部、农技人员满怀信心、摩拳擦掌准备大干一番。

乡村振兴从何入手呢？这是一个严重的现实问题。

近年来，随着城镇化进程加快，工业、建筑业、新型产业的迅猛发展，服务业大量的用工，城市像一台巨大的抽水机把农村的资金、人才、劳力等资源源源不断地吸走了，造成了农村发展相对滞后。如今，村里的青壮年几乎全进城打工走了，留守在农村的多是老弱病残的人，六七十岁的老人竟然成了种地的主力军。当初土地承包到户时，绝大多数生产队采取的是见地分地的办法，一家五口人分了十几亩地，还分成五六块，在这样支离破碎的承包地块上想实现农业现代化生产，简直就是在麻袋片上绣花——底子太差，难上加难。人民公社大集体时期建起的水利设施有的也未能很好地利用，有的甚至破坏掉了。现在政府提倡土地实行流转，但土地规模化流转过程中也遇到了困难，有的城乡资本想流转土地，但他们往往看中的是大块平整的水浇地，以便采取机械化作业，对旱地、零散地是不屑一顾的。在流转过程中，一旦遇到不愿流转的钉子户就麻烦了。有的村民宁愿撂荒也不想流转，有的想把耕地作为家族墓地来用。如果遇到这种钉子户，想流转土地的公司和种植大户就没有了办法，找村协调，村管不了，因为承包地确权后，村集体连对村民承包地进行小调整、调换的权力也没有了，他们对不愿流转的钉子户一点办法都没有，就是县乡政府也管不了，一旦遇到这样的个别钉子户，流转土地的事只能被搅黄。同时，流转土地普遍存在的问题是，有的山区旱地，转包土地的人出价低，村民宁愿撂荒也不愿转租。而平坦的水浇地，多数地方农民要价又太高，往往以这块土地平常年景的亩产量来定流转费，亩产1千斤小麦，就得给农民1千斤小麦的折价款。地租之高，古今中外罕见，这就给土地转包经营户造成过重的生产成本，如此一来，他们生产下的农产品怎么能够与国外农产品竞争呢？因此，国家进口农产品成了一种不可避免的选择。转包土地经营者一旦遇到了大的农业灾情，或者市场价格产生波动震荡，他们只好破产。可以说，各地出现的转包土地的公司、种地大户撂荒跑路的现象，屡见不鲜。转包土地经营者一旦跑路了，政府对他们的扶持资金就打水漂了，他们欠下银行和政府财政资金也就成了呆账坏账，这就给当地政府留下一个烂摊子，农民也没指望向他们要土地流转费了，于是就上访不断，一地鸡毛，无法收拾。如今粮价低，生产资料费又高，种地挣不了几个钱，甚至赔钱，已经成了一种普遍现象，这就造成了农村出现了大量撂荒地。在华北西北山区撂荒面积达到三成以上，撂荒地面积之大、范围之广，在中国历史上是前所未有的。在内蒙古贫困地区，整村废弃的村子已经占到全部村庄的三分之一了。人多地少本来是我国的基本国情，却有这样多的撂荒地，实在是说不过去。2017年，据中国海关总署公布的数据统计，中国粮食进口13062万吨。怎样解决撂荒地现象呢？村集体和地方政府至今束手无策。2000年，湖北省棋盘乡党委书记李昌平上书朱镕基总理说，农民真苦，农村真穷，农业真危险。如今这种长期困扰"三农"的现象，不但没有得到遏制，有的地方反而越演越烈，党中央只好抽调大批干部下农村，开展大规模的扶贫工作。

农村问题积重如山，如何破解？我们欣喜地看到：中共山东省烟台市委组织部在2017年提出了党支部领办合作社，找到了一条乡村振兴之路。

于涛2017年调任烟台市委组织部部长,她在工作期间,先后走访了300多个村。她发现农村存在几大突出问题:集体穷、支部弱、群众散、产业衰、合作社乱。2017年,烟台市村集体收入5万元以下的村有2100个,占村总数的32.6%。即使有集体经济的村,绝大多数是靠资源吃饭,简单发包租赁,增收渠道单一,发展后劲不足。那些集体经济空壳村,党的领导和基层治理也近于失控。有的村甚至连党支部书记都选不出来。基层党支部失去了凝聚力、影响力、感召力和权威性,有的村庄成了一潭死水,或者歪风邪气盛行的地方。农村中普遍存在村民集体意识淡化、精气神萎靡的现象。农村发展存在严重活力不足的问题,村民在人均一二亩耕地上闹不出个啥名堂。虽然中央和地方各级政府大力提倡发展农民专业合作社,连续17年中央一号文件都对农民专业合作社提出了明确要求,但一些合作社在发展过程中偏离了造福群众、服务群众的方向。比如,有的合作社被资本利用,成了圈地牟利的工具;有的合作社采取的是村民强强联合,排斥穷困户加入,上级政府支农惠农资金往往落到了他们的手里,越发造成村民贫富差距的拉大。更多的合作社成了没有运转的空壳,有的只是为了完成上级的任务而成立,有的成立的目的就是套取政府的扶持资金。

于涛与市委组织部一班人广泛调研后达成了共识,如果真正要提高农业生产力,改变农村的困境,推动土地流转,实现规模化经营,实现农业现代化,必须发挥农村党支部的领导作用,由党支部来领办合作社,走集体化、合作化的路子,系统性地解决"三农"问题,从而实现党中央提出的乡村振兴的战略目标。

有人质疑党支部领办合作社是要回到人民公社的老路上去。

于涛说，党支部领办合作社，带领村民合作起来走共同富裕道路与人民公社集体化是一脉相承的，但又不是简单的重复，而是在新的历史条件的一种制度创新。村民将承包地、现金、物质、机械设备、技术等各种资源，折算成货币股金，入股合作社，这种经营理念与现代股份制企业的模式是基本一样的，但党支部领办合作社也有自身的特点，表现为合作社的理事长要由村党支部书记出任，而不是由大股东把控。这是因为：① 村集体将本村土地、水利等各种资源入股了合作社，将政府部分支农资金转化为合作社的集体股，村集体本身就是合作社的最大股东。②《农民专业合作社法》第四条规定："农民专业合作社应当遵循下列原则：（一）成员以农民为主体；（二）以服务成员为宗旨，谋求全体成员的共同利益；"第二十条："农民专业合作社的成员中，农民至少应当占成员总数的百分之八十。"按照《农民专业合作社法》的规定，各个村的合作社章程里都明确规定，大股东的入股数不能超过总股本的20%。合作社从本质上来说，是代表了所有入股个体农户的利益，就是防止大股东侵占家庭小农的利益。③ 合作社最大资产是土地，而现行国家法律和政府的政策都明确规定，农村土地不能私有化，不能自由买卖，土地所有权属于村集体，农民只有承包权，合作社即使经营破产了，也不能把土地清算给债主，出于这种特殊情况，由党支部书记出任合作社理事长理所应当。在烟台市，村党支部书记和村主任实行的是"一肩挑"，支部书记与村主任是一个人。党支部领办的合作社章程规定，如果支部书记人选有变动，原书记担任的理事长，自动辞去职务，由新当选的书记通过合作社代表大会选举程序接任。④ 人民公社体制是三级所有队为基础，而合作社是在工商局注册的独立法人组织。各级党组织和政府部门只是对合作社起一个引导帮助和技术指导的作用，绝不包办代替。合作社不搞平均分配，不吃"大锅饭"，实行股份分红。任何单位和个人都不能干涉其合法生产经营活动，这与人民公社是一个很大的区别。
⑤ 合作社采取入社自愿的原则，可以自由退社，但退社要提前几个月通知，以便合作社筹集退还资金，但土地退股有另外约定条款，不能损害合作社集体的利益，退社村民不能任意把已建成的果园拆散分走。这也与人民公社不同。

人民公社时期，农村各项社会事业有了极大的发展。建立了赤脚医生为主体的农村医疗卫生防疫体系，普及了农村基础教育，保证了全体农民有饭吃，虽然有的地方还未能实现人人可以吃饱饭。中华人民共和国使国民人均寿命从1949年不足35岁，到了1981年提高到68岁。文盲率1949年是80%，1982年降为34.5%，2005年降为5%。特别是通过工农业剪刀差的手段，农业为工业积累了巨大发展资金，农村为城市做出了巨大的贡献。但是，不可否认的是，虽然人民公社取得了巨大的历史功绩，可是在实施过程中也出现了很多问题，比如对农民捆得过死，管理僵化，官僚主义严重，最后不得不进行包产到户的改革。早在1990年，邓小平同志就提出了"两个飞跃"思想，第一个飞跃是废除人民公社，实行家庭联产承包为主的责任制；第二个飞跃是适应科学种田和生产社会化的需要，发展适度规模经营，发展集体经济。邓小平同志多次强调："我们总的方向是发展集体经济""不向集体化集约化经济发展，农业现代化的实现是不可能的"。

习近平总书记在2016年4月29日视察安徽凤阳县小岗村时也讲道："要尊重农民意愿和维护农民权益，把选择权交给农民，由农民选择而不是代替农民选择，可以示范和引导，但不搞强迫命令、不刮风、不一刀切。不管怎么改，都不能把农村土地集体所有制改垮了，不能把耕地改少了，不能把粮食生产能力改弱了，不能把农民利益损害了。"

党支部领办合作社是一种新型管理制度，符合习近平总书记的讲话精神，是实现了邓小平同志提出的农村实现第二个飞跃的产物。由党支部发起成立的合作社，农村集体产权制度改革后成立的股份经济合作社代表村集体，在工商局注册，成立农民专业合作社。村集体以集体资金、资产、资源入股。共产党员带头加入，村民以土地、资金、劳动力等入股，自愿加入，建立起村集体和村民利益共享、风险共担的经济利益共同体，用类似现代企业制度的方式进行管理，接受合作社社员和村民的监督。党支部书记接受党的组织纪律的约束，同时接受纪检委的监督审查，使其能够廉洁奉公，全心全意地为村民服务。

合作社具体经营模式，各地村民发挥自己的聪明才智，因地制宜，创造了多种多样的形式，有的是村独立经营，有的是村企联营，有的是建立生产、供销、信用三位一体的联合社经营。党支部领办合作社，就像合资公司经营一样，将农村集体组织对土地的所有权和村民承包权结合在一起，将两权落实到实处，成为类似于股东角色，合作社或者村企联营公司类似于企业经理经营团队，各司其职，各司其责。

烟台市党支部领办合作社2017年进行了11个试点，2018年在百村示范，2019年在千村覆盖，2020年在全域推进、全面提升，成效斐然。烟台市有6441个村，2019有1470个村建立了党支部领办合作社，2020年扩展到2311个。

目 录

第一章　党旗飘扬……………………………………………………001

第二章　壮大集体经济，夯实农村发展的基础……………………015

第三章　头雁引领，整队前行………………………………………027

第四章　苹果之乡的突围……………………………………………045

第五章　牟平区两个合作社的典型范例……………………………055

第六章　组织起来，重建家园………………………………………069

第七章　因地制宜，多样化的模式…………………………………079

第八章　联合起来，壮大发展………………………………………087

第九章　一个统分结合管理的好案例………………………………095

第十章　解决撂荒地的成功尝试……………………………………101

第十一章　贫困户脱贫和农民养老问题的探索……………………107

第十二章　机关大院里的灯光………………………………………113

第十三章　创党支部领办合作社的品牌，打造齐鲁样板…………121

第一章
党 旗 飘 扬

牟平区高陵镇槐树庄农民合作社（智广俊摄影）

党支部领办合作社凝聚了共产党员和农民群众走社会主义道路的信心,"为中国人民谋幸福,为中华民族谋复兴"的初心和使命感体现在共产党员的身上,他们有的抛下城里创办的企业工厂,回到村里担任党支部书记,带领村民劳动致富。村民在社会主义理想的鼓动号召下,积极加入合作社,重走集体化道路。胶东大地上党旗飘扬,振兴乡村的大战拉开了序幕,各地涌现出了很多可歌可泣的动人故事。

栖霞市亭口镇衣家村村史纪念馆里一帧照片吸引住了我,照片上一杆鲜红的党旗在腊月寒风劲吹下猎猎飘扬。党旗下,一群村民在村党支部书记衣元良的带领下,在修路工地上热火朝天地大干,满脸沧桑的老汉抡着洋镐,走路踉跄的老婆婆怀抱着石头往出搬运,他们使用着原始工具,镐刨、大铁锤砸、锹铲、筐抬、手搬的土办法在修上山的路,全村男女老少几乎全出动了。

衣家村地处大山腹地,全村共有55户,126人,党员15名,有耕地420亩,其中能灌溉的地不到30亩。2016年,村集体年收入不足1万元,农民年人均纯收入始终没有超过5000元。该村生产上最大的难题是缺水、山路不通畅,遇到干旱年份,村民吃水都得到外村拉,眼巴巴地看着苹果树旱死了,却毫无办法。全村土地分布在一座大山梯田里,只有一条人行羊肠小路,庄稼成熟了,全靠人往下背。该村属于那种整村异地搬迁的贫困村类型。

烟台市委组织部号召村党支部领办合作社,为衣家村指出了一条脱贫致富的道路。村党支部书记衣元良在"两委"会议上说:"必须走党支部引领之路,抱起团来,把老百姓重新聚在党旗下,走合作化道路。"2017年5月,合作社开始运作,7月8日,53户村民加入了合作社。村集体以1290亩山峦、40亩土地入股，占股30%。村民以劳动力入股，占股70%。2017年9月6日，在市工商局正式注册了"一点园"果蔬专业合作社。衣元良拿出一面党旗，全村15名党员在党旗上签下了自己的名字，走上了在党旗指引下，合作致富的道路。

打井修路成为合作社两件头等大事。幸运的是，经市水利局工程技术人员的精心勘探施工，打成了两眼出水旺盛的深机井，衣家村不再缺水了。下一步是修通上山路，在山顶修建蓄水池，把井水引到山顶，全村土地就实现了自流灌溉。

衣家村缺钱、缺物质、缺劳力，但不缺乏自力更生、大干快上的劲头。村党支部创造性地推出了一种劳动工票制度，村民参加修路等工程劳动，合作社按男劳力劳动一天挣120元、女劳力一天挣80元的标准发放工票，工票够了2000元就可折合一股创业股。创业股可以按股来分红，以股连心、连责、连利。创业股激发出村民干事创业的内生动力，仅用两年时间，党支部领办合作社打通了长5.5公里，宽5.5米的环山路，在山顶建起了两座800立方米的高位蓄水池，56公里长的输水管网通到了每家承包的土地上。有水了，地里不种红薯花生了，改种经济效益高的苹果、大樱桃等果树，全村350亩果园铺设了滴灌设备，建起了藏香猪养殖场，购买了102头藏香猪。藏香猪猪肉价格比普通猪肉高出3倍，2019年8月卖出20头，收入近10万元。10个玉木耳大棚也拔地而起。村容村貌焕然一新，2020年1月17日合作社财务核算，收益25万元，合作社召开会员大会讨论分配方案，全体会员一致同意，当年不分红，全部投入合作社后续发展中。是啊，衣家村正在干大的事业，急需资金投入，但是到了春节，合作社理事会还是决定，为每一个入社会员发500元慰问金，全村共发放了2.6万元。现在合作社固定资产已经达到206万元，预计到2020年底，可实现村集体收入100万元，村民人均收入1.6万元的目标。

站在衣家村山顶四下瞭望，山顶上两座蓄水池碧水映蓝天，一杆鲜红的党旗迎风飘扬。一层层梯田里栽种的苹果树、樱桃树、桃树、猕猴桃树含翠吐绿，竞相旺长。平塘、蓄水池像一颗颗明珠点缀其中，远处藏香猪养殖场里的猪仔在撒欢，成片的玉木耳大棚就如绿海中一艘艘船上的风帆，石墙红瓦农舍淹没在成荫绿海中，好一派山村美景。

如果说衣家山修路工地上飘扬的党旗让我激动，那么槐树庄新建的果园上空飘扬的党旗给我带来的更多的是振奋。

蓬莱市大辛店镇槐树庄村位于丘陵山区，地势偏远、交通闭塞、资源贫瘠。全村共有村民452户，1001口人，村党支部村委会成员4人，党员36名，耕地2000亩，村民主要收入是种杂粮栽果树。村集体没有一点收入，属于烟台市级建档贫困村。

该村的改变是从两个年富力强的书记上任开始的。2018年，李军上任村党支部书记，蓬莱市住房和城乡建设局下派第一书记邹剑也来到槐树庄，两个书记并肩奋战在脱贫致富最前线。他们一上任就成立了槐念农民专业合作社。集资入股资金48万元，其中村民股39万元，村集体150亩撂荒地折价4万元，加上住房和城乡建设局赞助股金5万元，集体股共9万元。

该村合作社最让人感动佩服的是在党支部的带领下，以愚公移山的精神开山建果园。合作社在山沟上游建了两座水库，有了水就能建果园。槐树庄的人用两年时间将一座荒山开辟出来，建成了花果园。果园建成时，蓬莱市委组织部挂职副部长何晶以荒山新果园为背景为两位村书记照了一张合影。何晶对我说，像照完后，李军、邹剑回首看着还没有挂绿的新建果园，热泪盈眶，李军说，四年后果树挂果，这座果园就能创造上千万元的收入，我们党支部村集体这班人没有白干，为子孙后代留下能够过上幸福生活的资产，这是最自豪的事。邹剑说，人生难得办成几件大事，我到槐树庄搞扶贫工作，挖掉了村里的穷根，种上了致富的果树，吃多少苦，受多少罪，都是值得的，人生无悔。

李军说，贫困村的工作难开展，当初村民吃了这顿饭顾不了下一顿，有一种得过且过的思想，一想到种苹果树4年后才能见到收益，就没有积极性去干。党支部就以社会主义美好理想来鼓励动员村民走合作化道路，一起大干，改变村庄落后的面貌。在合作社开山工地上，党旗始终在飘扬着，这给村里的党员和群众带来一种必胜的信心和力量。村民看到"两委"成员和全村党员大干的劲头，终于被感动了，也积极参与到合作社的劳动中。村里79岁的老党员李宝忠主动找到李军说，我年纪大了，干不了重活，但我可以为大家烧水送水。如今，他们在果园山上建了一个固定旗杆座，党旗永远飘扬在上空。

开山建果园，合作社筹集的那点资金是远远不够的，但是村党支部通过建立合作社，全村土地实现了规模化种植，有了条件争取到政府的支助农业的项目资金，2018年，他们争取到了建设高标准农田项目，到手项目资金86万元。2019年，争取到了矮化苹果示范园建设项目，种上了11000棵优质苹果苗，市政府财政补了44万元。两项建设项目都高标准地完成了任务，通过了合格验收。

李军是一个理想坚定，很有情怀的共产党员，他今年只有39

岁。他是通过竞选当上了村支部书记的。前任落选书记心里难免产生了疙瘩，与他有了矛盾。李军说，朋友可以凭自己的喜好来交往，但党内的同志要以党的利益为重，不能意气用事。他主动化解与老支书的矛盾，每次开党员大会，李军主动邀请他参加，在会议室里让上座，提名他老伴担任合作社监事委员，主动请他和他的家人监督党支部和合作社的工作。老支书也是一个好党员，如今他主动配合党支部的工作。

李军工作很细，真心关心村里的村民，帮他们排忧解难。对全村两户建卡贫困户更是经常上门关照，嘘寒问暖。两位贫困老人感念不已。其中一户贫困户是一个孤寡残疾老人，身高只有一米多。他家有一棵金丝老槐树，有外地人出价1万元来买，老人虽然贫穷，但他没有卖，而是无偿地把树捐献给了村里，这是一份珍贵的礼物，表达了贫困户对党和政府的感激之情。槐树庄村里只剩下这棵槐树了，槐树庄不能没有槐树呀，这棵槐树对村里来说具有标志性的意义。另外一户建卡贫困户叫李加林，十多年前，娶了一个外地流浪女为妻，生活了一年后，妻子瘫痪了，他伺候了妻子12年，如今又成了孤身。他对李军说，我也没啥本事来报答党支部对我多年的关怀，我到村委会义务看门打扫卫生吧。如今他就住在村委会门房里尽义务。

我们在参观荒山建的新果园时，李军指着山脚一块已挂果的果园，说这10亩果园是我无偿捐献给合作社的，便于将合作社的果园连成一片，好管理。邹剑说，李书记自家的果园产下的苹果一年能有7万元的收入呢！这让我好感动，无私奉献的支部书记才能够带领村民建起欣欣向荣的村庄。

我们在村集体办公室里看到十几块各级党委政府发的奖牌，

以及陈列的合作社生产的商品样品。李军和邹剑商品意识很强，他们正在创"槐念"品牌农产品，有红薯干、蒲公英茶、苦菜茶等，并与销售企业、网络销售微商建立了联系，借助抖音、快手来推销槐树庄的农产品。2019年，150亩荒山果园生产的第一批农产品，当年秋天就销售一空。该村还是一个长寿村，村里现在还有几位百岁老人生活着，李军设想利用槐树庄的地好（富含硒微量元素）、水好、空气好、长寿乡的地域优势，打造绿色优质农产品。

今年冬天下了一场大雪，没用动员，村民家家老少全出动，一起上街扫雪，这是过去从来没有过的现象。党的富民政策如春风化雨，进入村民的心田，向上向美向善的种子生根发芽开花结果了，集体主义又回归了。"永远跟党走，创造新生活"这是槐树庄村民的共同心声。

走进牟平区高陵镇槐树庄村又是一番情景。首先映入眼帘的是，面向大路的门前竖立的合作社标识雕塑。雕塑上宽下窄，顶部溜肩造型，用鲜红金黄银白三色上彩，红色占据雕塑大部分面积，顶端和左边黄色走边，顶端五个五角星下面，红色旗面上竖写着八个银色大字：支部引领　乡村振兴。左边高端黄色部分竖写着几个小字：槐树庄村。很气派，也很有艺术气质。进了院，大院分高低两个院，下面院里也立着一个雕塑牌，绿色底面，上面竖写着两行字，一行写着：槐树庄薯干加工厂；一行写着：烟台市崳茂农产品专业合作社。南边建有走廊，这是一个小广场，是村民锻炼活动的地方。上院面对大路，又是一幅展开的党旗雕塑，正面横排并列着四句话：事事我带头；处处当先锋；时时做示范；党旗下的追梦人。党旗雕塑背面也写着三句话：让农业成为有奔头的产业；让农民成为有吸引力的职业；让农村成为安居乐业的美丽家园。院里南面是红薯干加工车间，外面墙上，写着两字一句的标语：连利，连责，连心，六个竖写大字。正房墙顶端写着一排字，是习近平总书记的讲话：人民对美好生活的向往就是我们的奋斗目标。不说了，这个合作社墙上到处都是激励人心的标语。这个合作社文化底蕴真是深厚。

从办公室里走出一个枯瘦的中年人，迎到院里，经人介绍，他就是槐树庄村党支部书记于峰同志，哟，这个不打眼的书记与漂亮有文化气息的大院形成了明显的反差。不过应了一句老话：人不可貌相，海水不可斗量。这个于书记说起来一套又一套，滔滔不绝。听于峰介绍，才知这是一个有点悲催的贫困村。槐树庄村，共有142户，384人，村"两委"成员5人，党员18人，耕地780亩，果园100亩，山峦1000亩。由于村庄位于高陵水库水源保护区范围，不能发展工业和畜牧养殖业。住在水库边，种的却多是旱地，旱地靠天吃饭养得住人吗？年轻点的村民都跑了，留下来的老人靠传统农业生活，路子越走越窄。

于峰过去在外面做点小生意，日子过得还可以。他接受镇党委的邀请和村里党员的要求，2011年就回村担任了党支部书记，上任几年里他不断谋划着带领村民生产致富，可就是找不到路子。穷村事多，他忙得焦头烂额，可是村庄依然暮气沉沉。2019年初，高陵镇党委召开党支部领办合作社推进会。于峰在会上听了镇党委书记的动员报告，以及外地党支部领办合作社的经验介绍，心里一下亮堂了，有了主意。回到村里，于峰召集"两委"成员和党员一起开会。他说，社会主义就是让大家共同富裕，走合作化是一条光明大道。共产党就是干社会主义的，是党员就应该带头加入合作社一起干。大家统一了认识：为了咱槐树庄的父老乡亲，咱就认准党支部领办合作社这条路，要走到底，一定要干出一个样子来。于峰拿出家里的20万家底钱带头入社，18名党员全部投钱入股合作社，全村先后共有90户村民入了社，占全村总户数的70%。入股合作社土地1亩地，折算现金1000元，1亩地或1000元为1股，全村共流转了191亩土地，筹集起57万元现金。

这191亩土地全是旱地，旱地上只能种红薯，那就在小小的红薯产业上做文章吧。合作社确定了拓展红薯产业链条，提高附加值的发展思路。红薯栽培要先育秧，一株红薯秧市场价格，每株2角钱。合作社就建了红薯育秧大棚，每年产高品质红薯秧苗约200万株，其中40万株用于自己种，160万株对外出售，仅出售秧苗一项就给合作社带来9万元的收益。采用机械化先进技术种红薯，需要将耕地集中起来，实行规模化种植，合作社需要与没有加入合作社的村民调换调整土地，党支部让各个党员负责调换自家相邻没有加入合作社村民的土地，有的党员忍痛把自家的好地调换给其他村民，他们为了合作社的利益宁愿自家吃点亏，也要把合作社的事办成办好。红薯种植选择的是烟薯25号品种。烟薯25是一个适合烘烤的好品种，在市场上有着良好的声誉。烘烤红薯要求每个薯块重量在3两到1斤半，薯块过大过小都不能用。合作社旱地红薯产量已经达到每亩4000斤，其中2500斤适合烤薯的红薯通过电商、微商渠道很快就销售出去了，可是1500斤大薯块、品相不佳的淘汰薯块先前只能当作饲料来处理。合作社为了提高红薯产值，引进了一整套红薯干加工设备，将淘汰薯块加工成红薯干来卖，每斤可以卖到15~20元，市场供不应求。

靠加工红薯干，合作社增加收益10万元以上。三两以下的红薯用来育秧，没有一点浪费。合作社将红薯种植延伸为完整产业链，每个环节都可以创造价值，带来利润。如今，合作社年毛收入70多万元，纯利润30多万元。村民把地交给合作社，到合作社打工劳动，每天还能挣到80～100元的收入，每年每股还能分红300多元。过去村民种旱地，种好了也就是1亩地能收入100多元。合作社带来的这种变化，这是村民想也不敢想到的事。

　　槐树庄是一个穷村，合作社经济基础也薄弱，合作社里的社员和村里参加社里的劳动，其劳动工资每两三个月兑现一次，而党员到年底才一次性兑现。如果合作社经营赔钱了，党员参加劳动的工资就没有了，只当尽义务了。有几位年老体衰的妇女也要来合作社参加劳动，她们事先声明，我们不是来挣工资的，只是图一个红火热闹。劳动人民爱劳动真是不假，她们就想再体会一下集体劳动带来的快乐。于峰这个人别看体弱力薄不打眼，却很有主见，甚至有点霸气。在召开动员党员加入合作社的会上，他讲，党员加入党支部领办合作社是一个态度问题，入股多少是一个经济实力的问题，是党员就必须加入。而村民只能动员。在于峰看来，党员带头，吃苦吃亏在先，理所应当，这是党员的责任义务和光荣。他们是这样说的，也是这样做的。抗击新冠病毒期间，村民吓得不敢出门，合作社大棚生产下的蔬菜，由党员送到村民各家门口，菜是免费赠送的。如今槐树庄只有一棵槐树，这棵树是于峰家的，于峰将这棵槐树赠送给村里，移栽到村集体大门旁，成为槐树庄的一个标志，他说，槐树庄不能没有槐树。

　　栽下梧桐树，引来金凤凰。槐树庄党支部领办合作社的社会信誉良好，成为招商引资的金字招牌。目前，他们与中国农业大学签订了合作协议，整合了村北一块4亩荒滩地，打造柳蚕—食用菌—金蝉养殖示范基地。于峰领我到现场看了新栽的柳树、刚出土的蘑菇，他脸上洋溢着兴奋、喜悦、期待的表情，让我很感动。我才知道，原来柳树也能养柳蚕，生产蚕丝。槐树庄合作社从红薯小产业起步，开始向农业高新产业涉足，一步一步走得扎实，有理想，就有奔头，就有前途。

于峰对我说，在合作社集体劳动现场一定要把党旗竖起来，党旗能够凝聚人心，激发干劲。烟台市委组织部副部长李天浩感慨地说，在抗击新冠病毒的战役中，村村升起了党旗，全体党员都佩戴了党徽，义务值守在村口，党员轮流值班，保证24小时不离人。刚过春节，寒风刺骨，猎猎党旗下，七八十岁的老党员冻得瑟瑟发抖，依然坚守在岗位上，情景真让人感动。我们有这样优秀的基层共产党员，什么艰难困苦都可以战胜，党与人民群众紧密结合在一起，无往而不胜。

鲜红党旗，上面绣着镰刀与斧头的标识，象征着工人与农民以及其他劳动人民团结起来，朝着建立社会主义、共产主义理想社会制度的伟大目标奋勇前进。它是战旗，在革命战争年代，千百万共产党人高举着它，冲锋陷阵，攻城掠寨，与各种敌人浴血奋战，前赴后继，用烈士的鲜血染红了它，终于迎来社会主义的新中国的成立。在社会主义革命和建设年代，鲜红的党旗是奋斗的号角，亿万共产党员和人民群众在光辉的党旗下，奋发图强，迎难而上，攻坚克难，改造山河，占领科技高端阵地，中华民族站起来了，人民富起来了，中华人民共和国巍然屹立在世界东方。如今在实施乡村振兴战略的奋战中，胶东大地的基层党组织，自发地举起党旗，共产党员和广大农民在工地上、农田里挥汗如雨地劳动着，迎来一年又一年的丰收成果，续写着共产党人新的辉煌，为党旗增光添彩。

第二章
壮大集体经济，夯实农村发展的基础

蓬莱市君顶葡萄合作社（烟台市组织部供稿）

1981年，全国推行包产到户改革以来，党中央对农村顶层设计本来是统分结合的改革，就是宜统则统，宜分则分，这是写进《宪法》里的内容。《宪法》第八条：农村集体经济组织实行家庭承包经营为基础、统分结合的双层经营体制。农村中的生产、供销、信用、消费等各种形式的合作经济，是社会主义劳动群众集体所有制经济。参加农村集体经济组织的劳动者，有权在法律规定的范围内经营自留地、自留山、家庭副业和饲养自留畜。

可是有人只主张分，把统的一方面放弃了，把宪法原则都丢到一边去了。集体的东西能分则分，能卖则卖。理由是分得越彻底，群众的积极性越高，经济效益越好。集体留下财产，就怕基层干部搞贪污腐败。这是典型的小农意识，流氓无产者的做法。就是在旧社会，为了村庄的公益事业，各村都建有公田，比如学田、祠堂祭祀田、庙产田等各类公田。村里为了全村的安全，用向村民摊派经费的形式，凑钱雇用打更下夜的人。蒙古族不种地，部落还专门养一群祭祀用的公有羊群。前几年，我们有的干部，不依靠党的各级基层组织，不调动广大基层共产党员的积极性，不充分发挥他们的作用，这能够搞好社会主义吗？恶果很快显现出来了，农村很快出现了群众散沙化的现象，学大寨留下来的水利工程不用了，有的甚至破坏掉了，有的水地变成旱地了。党员的责任感先锋作用也不起了，党和政府的权威性降低了，宗教开始盛行，有的甚至邪教冒头了，村民集体主义精神不见了，道德感普遍降低，有人见利忘义，见钱眼开，连他爹娘老人都不养了，农村中老人非正常死亡率显著提高。村里的卫生很糟糕，垃圾任意堆放，无专人清除拉运，垃圾成山，几年都不清理。我在地方电视新闻里曾看见过一个采访镜头，一个下乡官员下村视察农村卫生工作，问一个老农，村里的公共卫生是如何搞的。老农说：脏水靠蒸发，垃圾靠风刮。镜头里大家一起苦笑。村集体没有一点经济实力，村干部怎么干呢？选举村主任，有的村就连一个群众大会都召集不起来，下乡干部只好拿上个纸糊的流动票箱一家一户动员村民投票。有的村连党支部书记和村主任都选不出来。当然，自然资源好的村，有油水可捞，有黑恶势力背景的人通过贿选等不法手段窃取了基层政权，为非作歹，欺压村民。说是村民有自治的权利，可又不让村集体向村民搞摊派，村里又没有集体经济来源，有的村把村集体大院都卖了，自治还不是一句空话吗？后来政府只得动用市县政府财政资金来开展农村工作，上拨资金有多少，村里就做多少工作，村里没有了工作主动性。村干部的工资、村的办公经费都由政府财政出。村干部与村民没有了经济上的联系，实质上他们成了乡政府的雇用人员，他们能代表村民利益吗？能全心全意地为村民服务吗？调动不起基层干部和村民的积极性，乡村能振兴起来吗？

烟台市党支部领办合作社首先从发展壮大集体经济入手来开展工作。壮大集体经济主要有以下几个渠道：① 将村集体掌握的土地、荒山、荒地、零散地、道路、河流、沙滩等各种资源入股合作社，将资源进行折价，转变为股金使用。村里有的农户绝户了，其承包的土地归还了集体。有的户全家人把户口迁到设区的城里了，按政策，其承包地要收回集体。有些没有承包出去或者发包出去的荒山，自然也属于村集体的财产，因此，现在村集体多多少少都掌握着一些土地资源。山东果业发达，分田到户时，村里有的小果园实在没法分，每家只能分到几棵十几棵果树，实在无法进行经营管理。对于这些不好分的果园之类的地，行政村自然村只好采取了变通的办法，称作竞价田，村民谁出的租金高让谁去种，期限一般也就是二三十年。现在到期了，这部分田正好作为村集体的财产入股合作社。② 把从政府争取回来的部分专项支农资金转化为集体资金入股合作社。③ 是合作社把村民承包地整块改造，去掉了地埂，一般能多出15%的土地，多出的土地就属于村集体的财产入股了合作社。也有的村自行上马了一些村办企业，村里通过招商引资，引进了一些企业，也为村集体增加了收入。总之，政府一旦鼓励村搞集体经济，各村积极性调动起来了，八仙过海各显神通，创造出很多的办法和经验来。

蓬莱市登州街道三里沟村，位于蓬莱市城南，全村共有247户，590口人，村"两委"4人，党员31名。毗邻新汽车站、蓬莱旅游集散中心，区位优势优越，但村里大块土地被城建征用了，自身发展受限。村民多是进城打工谋生，村庄没有内生动力，村集体没有什么收入，公益事业就搞不好。一条大沟贯村而过，雨季是河，水退了就是路，村民污水倒进了沟里，垃圾堆到沟边，臭气冲天。

2014年，郑晓东接任村支部书记，之前，他在市里开办了一家物流公司，生意做得风生水起。可是街道工委根据全村党员的民主推荐结果，工委领导找到他，让他回村担任支部书记。郑晓东家人都不愿意他回村就职。郑晓东说，共产党员就应该随时听从党的召唤，于是他毅然低价转让了公司，回村就职。郑晓东是一个有商业头脑的人，他觉得村里没有集体经济，村子就兴旺不起来。他一上任就上马了村办馒头厂，钱从哪里来？村民股份集资，党员带头参加，共筹集了30万元启动资金。一开始雇不来工人，党员就义务干，"两委"成员每天凌晨四五点起来到馒头厂干活。销路不畅，"两委"成员跑超市促销，打开了市场，当年实现了10万元的盈利。

2017年，借助烟台市党支部领办合作社的东风，党支部提出把馒头厂纳入党支部领办合作社里进行管理，吸收扩大村民入股。村民入股了资金36万元。馒头厂办好了，有了条件争取到了省粮食局专项扶持资金100万元，这下馒头厂如虎添翼，在市工商局注册了"古槐"馒头商标，增加了面食品种，由单一的馒头变成了喜寿饽饽、杂粮馒头、包子等花色品种，选定了用优质烟农15小麦加工的特制面粉，作为馒头专用面粉。"古槐"馒头礼品盒外包装上印着：党支部领办合作社金牌产品，民以食为天，食以安为先等广告语。一年下来，"古槐"馒头获得了"QS"食品安全体系认证，成了蓬莱市的知名畅销产品。2019年，生产各类面食10万斤，增加集体收入近20万元。

三里沟平地几乎都被城镇建设征收了。村里留有土地不多了，且多是坡地小块地。村党支部又发起成立土地合作社，鼓励村民以土地入股，1亩地折合现金700元，1亩地或700元现金为1股，村集体以30万元资金和14.5亩土地占股51%，村民以30.3万元和5.1亩土地占股49%。农业合作社新建3个大棚，种植无公害蔬菜、水果和盆栽花卉。后又入股土地20亩，发展养殖业、果树种植。增加集体收入，提高村民入股收益。

2019年2月，合作社出资注册成立古槐旅游服务公司，依托合作社自身优势，开展特色餐饮、生态采摘、高端民宿等项目。村里上马旅游产业是因为该村有一株千年古槐树，一眼古井，一座古桥历史资源。更主要的原因是，村集体有钱了，将纵贯全村的大沟改造成水泥大道，水从路下流，人车路上行，全村小街小巷都硬化了，栽花种树，已经把村庄打造成一个花园式的村庄，获得了山东省乡村治理试点示范村、山东省乡村振兴示范村等荣誉称号，具备了发展旅游业的条件。

党支部书记郑晓东是一个一心为公的人，为人很朴实，我们到村集体采访他，遇见一个拿扫把正在扫地的汉子，经人介绍，才知他就是支部书记。他陪同我们在村里参观，走在路上，看到一个丢掉的矿泉水瓶都要捡起来，放到垃圾箱里。村里干净得就像在公园里。郑晓东能干能说也能写，这里摘录他写的一段微信。

蓬莱三里沟郑晓东：奋斗不是让你上刀山、下火海，闻鸡起舞、头悬梁锥刺股。奋斗只是每天踏踏实实地工作，做好手里的每件小事，不拖拉、不抱怨、不推卸、不偷懒。每天一点一滴的努力，就会引领你到你想要到的地方去，带着你去完成你的梦想。人生如烟，只有倒退的人与车，没有倒退的时间和路，只有前进，才能有未来。抓住今天，在宁静中奋进，成功来自坚持，执着创造奇迹。不问收获，但问耕耘。天道酬勤，唯有奋斗，才能成功！成功的人不是赢在起点，而是赢在转折点。

他就是这样的一个人，上任党支部书记以来，每年就正月初二休息半天，其他时间都要到办公室去。几年里只请过两次假，一次去北京看病，一次是送女儿到厦门念大学。

有了党支部领办合作社这个平台，三里沟的发展进入了快车道，又建立一个"八大碗"加工厂。引进了筑海旅游公司，村集体要求该公司每年上缴村里10万元场地租赁费，与公司合建一座名叫人民公社大食堂的旅游饮食项目。增加村里的收入，解决本村人务工就业的问题。

2019年,三里沟共实现村集体收入40万元,村民人均增加收入6000元。三里沟村的合作社收入与村集体收入有联系,但各是各的,不是那种村社一体的结构。村集体代表全村资产入股合作社,合作社是单独核算,按股份分红,不承担村里的公益事业责任。村集体从合作社和其他企业得到的收益,用于全村的公益事业。如今三里沟村环境美、农业强、农民富,党支部开展工作有抓手,村干部有了底气,党员队伍有了主心骨,村民对集体也有了归属感,村庄一年一大步,一年更比一年好。

栖霞市东北桥村的经历更有传奇色彩。东北桥村也是一个城郊村,这个村很富裕,在20世纪90年代,村办企业搞得很红火,村里已经有资产上百万。该村直到1994年才实行包产到户的改革,村里的经营体制变了,上一任村领导班子让位了,村里的经济状况每况日下,不到几年功夫百万资产被折腾光了,村民意见极大。

2005年,村换届选举,党员、村民纷纷要求刘永乐回来竞选村主任。刘永乐的父亲曾担任村里二把手三十多年,他眼看着好端端的一个富裕村沦落为一个塌底村,心里也是很不甘,也动员儿子回来竞选。刘永乐搞运输物流企业,钱挣得钵满盆盈,在2005年就掏出500万元现款给儿子在北京买房。从个人利益角度考虑,他回来当村主任真是得不偿失,不划算。但是,共产党员就是要以人民利益为重,时刻听从党的召唤。刘永乐还是毅然抛下生意回来竞选当上了村主任,第二年又支部书记"一肩挑"。刘永乐竞选村主任成功后,前任班子不让位,理由是他们一年工资没领到,无奈,刘永乐自掏腰包,拿出10万元,把前任班子欠下的债务清理完毕。

村子怎么翻身？刘永乐认准发展集体经济是正道。村集体已经是负数了，创业资金从哪里来呢？刘永乐是一个能人，他有办法。他看到村民住房已经陈旧破烂了，就提出村民集资建楼房。村集体利用自有土地开发房地产，一年后，村民都住上了低价楼房，房价每平方米只有1600元，村民满意，村集体也增收了500万元。从2006年开始，村集体每年为村民发放两袋大米，3袋面粉；每到春节和重阳节，为60岁以上的老人发500元慰问金。村里考上高中的学生每年发300元补助，考上大学发600元，考上研究生发1000元。村容村貌更是焕然一新。党支部要为全村人谋幸福，有钱可用才是实实在在的，党支部才能在村民中树起权威，有感召力，村民对村集体才有向心力。

2017年，市里召开党支部领办合作社推进大会，刘永乐一听就对路，这才是实现乡村振兴的正道。他很想搞合作社，可是村里已经无地可用了，怎么办呢？东北桥村党支部村集体研究决定，向外村租地建合作社。他们从附近村里流转了50亩土地，期限20年，动员村民加入合作社。村民觉得多年没搞集体经济了，加上前任村领导班子糟蹋了集体财产的负面影响，结果无人响应。那就"两委"干部带头干吧，他们要给村民做一个示范。"两委"成员每人出资20万元，筹集起资金100万元，在租来的土地上建大棚种草莓，当年盈利，每人分到纯利润4万元，这下村民信服了，开始加入合作社。2018年，全村村民都入股合作社，一户不落，每股交现金1000元。有一个村民是残疾人，掏不出入股的钱，刘永乐自掏腰包，赞助了他2000元，使他入了合作社2股。刘永乐说搞合作社不能落下贫困户不管，让他们也回到集体中,享受集体经济带来的红利。村集体留有350亩土地没有分到农户,原来采取的是竞价承包的方式,如今承包期限到期了,村集体开村民大会,村民们一致意见是,这350亩入股合作社经营,这为合作社提供了发展的大平台。经栖霞市在京党员流动党支部的牵线,与北京工业大学等单位共同打造一处占地300余亩的现代化循环生态农业园,集昆虫科普教育、养殖及绿色果蔬种植、采摘、销售、产学研于一体。目前,已投资200万元,建成4座高标准温室种樱桃,并招聘一名返乡大学生担任职业经理。下一步,将建设绿色植保试验基地,搭建基地—线下—线上三位一体的营销模式,项目全部建成后,每年可实现销售收入600万元,村集体增收50多万元,户均增加收入上万元。村里新规划的6个项目正在一一实施,一个采摘观光生态农业的格局已经初具雏形,明年东北桥将会以一个美丽乡村展现在世人面前。

自古以来,中国村庄既是村民居住生活之地,又是一个进行生产的单元集体,即使是在封建私有制社会里,村里也有公用、公益事业的存在,比如村里的道路、河流、水渠、水井都是公用的。同时也有公益事业的存在,比如正月十五闹红火玩意等;祠堂活动,无论穷富,只要是同一家族,都有参与的资格。人民公社时期,农村的建设更是取得了翻天覆地的大变化,公有教育、卫生医疗防疫和文化事业蓬勃兴旺,这是有目共睹、有口皆碑的事实。但是,我们在人民公社时期,一度过度追求"一大二公",削弱了生产队生产经营自主权和社员当家作主的民主权利,吃"大锅饭",造成了发展的困境,不得不实现包产到户的改革。党中央本来设计是以包产到户为基础,统分结合的双层经营模式,可在基层实施过程中,过分强调了分的作用,把统的功能丢弃了，结果多数村庄集体经济严重萎缩，有百分之三十以上的村集体经济收入属于空白，这就使村庄的发展失去了活力。三里沟和东北桥村发展集体经济，依靠集体经济，建设有发展活力的美丽乡村的实践，给了我们一个成功的启示。

有的人主张，学美国建家庭农场的做法，将村民土地流转到城乡资本手里，发展规模化、现代化农业。我认为这种主张脱离了我国的国情，我国是一个人多地少的国家，人均不过一亩三分地，户均不过十亩田，而美国一般农户都有几千亩的土地。村里的土地都流转到资本手里，本村村民留在村里就有了很大的失落感。村民容易与流转土地经营者产生矛盾。比如，在东北某地，公司流转了全村土地，留守在村的村民有的偷拿公司地里种的玉米棒子，公司告到派出所抓人处理。被抓农民满脸委屈，过去农民摘几个集体或村人地里的玉米棒子吃，只是小事一桩，有句老话说，收不收吃一秋吗？如今把他们当作小偷来抓，有的农民就有点接受不了，他们骂这是有钱人勾结官府欺压农民。有的流转土地经营者，希望村民都搬离农村，到城市里或外地居住，以便更好地利用村里的道路、水源等自然资源，减少留在村里人的干扰，这种想法和做法更容易引起村民的反感抵触。发展现代化农业，引进外来资金势在必行。烟台市通过党支部领办合作社，把土地集中起来，有的是村里自己集体经营，有的是与公司合作经营，按比例分配收益，村集体和农户的承包权捆绑在一起，通过党支部和村集体行使土地所有权、土地承包权，只是转让了土地的经营权，村民依然还有主人感的存在，与土地一次性流转到资本手里，心态上是截然不同的，更何况在经济上，他们流转到合作社的土地还可以参与二次分红。所以村民说合作社姓公，村民跟着党支部走心顺。农场姓私,尽遇刁民。牟平区委组织部秦虎成副部长说,要尊重农民,让他们有尊严感,有体面的生活,这是开展农村工作需要特别注意的问题。我觉得这一点很重要,只有尊重农民、真心为农民服务,才能把农村工作搞好。牟平区龙泉镇小苇子村党支部书记吕曰刚说,他们村准备给合作社成员统一做劳动工作服,就是让合作社村民有一种体面感、自豪感。

振兴乡村,首先要发展集体经济,这是实施乡村振兴战略的根本所在。

第三章
头雁引领，整队前行

栖霞市蛇窝镇东院头村党支部领办合作社分红大会（烟台市组织部供稿）

火车跑得快，全凭车头带。一个村能不能搞好，一个关键因素就在于党支部书记选对了没有。这就如大雁南翔北归，全靠头雁带队。

选拔培养村党支部书记，是烟台各级党组织系统极为重要的一项工作。如今农村但凡能够干得了重活儿的人都进城打工走了，有点能耐的人都创业去了，农村优秀人才极为缺乏。有人形容街道居委会主任为小巷总理，但一个村的当家人可比居委会主任工作要多、要难。一个村就是一个生产单位，就是在市场竞争海洋中行驶的一艘小船，而农业生产远比其他行业复杂得多，有句老话说，三天学个买卖人，一辈子学不会个庄户人。当好一个村支书，不光需要具有坚定的党性，还要懂农业，了解农村，对村民有感情，还得具有商品意识，市场开拓能力。一句话，当好一个村支部书记，需要他将共产党员加贤人和能人集于一身。

烟台市各级组织部把选拔培养党支部书记作为一项系统工程来搞。他们采取组织选拔与群众推荐的方式来挑选党支部书记人选，眼光放到本村外出创业有成的能人身上。如今烟台市多数农村党支部书记多是由从外面回来的能人来担任。

选拔人才重要，培养人才更重要，毕竟党支部领办合作社是一件新生事物，大家都没有经验，是在摸索中前行。为此，市委组织部采取了送村党支部书记进大学名校，请名师授课的方式来培训，每年至少培训300人，每人达到40学时。曾参加过2017年100个示范村党支部书记培训班的几位村书记对我说，那年他们是在浙江大学接受的培训，实现封闭式管理，7天学到了很多东西，对开展党支部领办合作社方向明确了，办法学到了，回来大干，自信满满。

除定期培训外,还请全国"三农"问题研究专家来讲课,定期组织村党支部书记到先进合作社进行现场教学培训。利用微信等通信手段,建立村、乡镇、市县党支部领办合作社的微信群,进行交流,市委组织部随时发简报、推先进合作社经验,进行指导。林贤是全市第一家党支部领办合作社的带头人,他笑着对我说,我也成了专家了,到处有人请我去讲课。

2017年,市委组织部请来《塘约道路》作者王宏甲来讲课,影响很大。当时大家对举办合作社有很多疑问,王宏甲耐心地给予解答,会上进行了热烈的讨论争辩,通过争辩,理清了思路,明确了前进方向。

同时,结合扶贫工作,从党政机关、大型国有企业选派得力人员,到村任党支部第一书记,协助村党支部开展工作,效果十分有效。比如,蓬莱市住房和城乡建设局下派第一书记邹剑到槐树庄,就是一个很好的例子。

组织部门不能光要求支部书记做奉献,也应该从政治上、工作上、生活上加以关心关怀。各级政府对做出突出贡献的村党支部书记授予各级劳动模范等荣誉称号,推选他们为各级人大代表和政协委员,并从工作生活待遇方面给予保障。下面摘录牟平区委组织部等四个部门下发的《关于做好2019年农村干部补贴发放工作的通知》,该文件就体现了这一点。

一、补贴发放范围及标准

农村干部补贴发放范围为村党组织书记、村集体主任、其他村"两委"干部和退职干部。

1. 村党组织书记补贴。村党组织书记补贴分基本补贴、保险补贴和绩效补贴三部分,总额平均不低于全区上年度农民人均可支配收入的2倍（40046元）。其中，基本补贴标准为每人每月800元；保险补贴标准为每人每年4200元；绩效补贴具体数额由各镇街根据"双述双评一考核"情况确定。

2. 村集体主任补贴。村集体主任补贴分基本补贴、保险补贴和绩效补贴三部分。其中，基本补贴、保险补贴标准按照农村党组织书记相关补贴的70%核定；绩效补贴由各镇街根据村集体主任工作实绩确定。

3. 其他村"两委"干部补贴标准由各镇街按照村党组织书记补贴的一定比例自行核定，具体数额由各镇街根据村干部具体表现、工作实绩确定。

4. 退职干部补贴。对未享受财政或集体补助养老保险，连续任职满两届或6年、累计任职满三届或9年，男年满60周岁、女年满55周岁的正常离任农村党组织书记和村集体主任，应根据任职年限等发放相应的生活补贴。对符合保障范围、连续任职满两届或6年的正常离任农村党组织书记和村集体主任，每人每月生活补贴不低于120元；累计任职满三届或9年及以上的，每人每月生活补贴不低于180元。退职干部存在以下问题，经镇街党（工）委研究，可扣减补贴数额，情节严重的可不予发放：①受到党纪处分的；②违反有关法律法规，受到治安拘留以上处罚的；③参与、组织或煽动群众上访以及因自身错误引发群众上访的；④参加邪教组织或搞封建迷信活动的；⑤不服从上级党委、政府领导，与党委、政府搞对立的；⑥拉帮结伙搞派性、影响和谐稳定的；⑦其他有损党和政府形象、侵害村集体党员群众利益行为的。

烟台市其他市县区的做法类同牟平区。从中可见，在烟台市当好一个支部书记,年薪可以达到4万多元,这就从制度上保证了支部书记的收入不低于当地农民的平均收入,为村支书和其他村干部解除了后顾之忧,让他们能够安心地工作。

下面再举一个选对了党支部书记,由其带领村民致富的事例。

栖霞市蛇窝泊镇东院头村有319户,854人,党支部村集体"两委"成员5人,党员44名,耕地面积2000多亩,其中苹果园1900多亩。

东院头村在20世纪70年代学大寨时期,是曾受到省委省政府表彰的先进典型。可是在实现包产到户后滑坡了,倒退为脏乱差的落后村,村里经济上不去,村民搞宗派团伙,吵架打架不断,更没人收拾村里的公共卫生,垃圾堆满街道河道,村里一派乌烟瘴气,党支部也处于瘫痪状态,有七八年时间竟然选不出一个党支部书记,因为村里的党员无人愿意当选。

林贤虽然是东院头村土生土长的人,但他高中一毕业就参军走了,在部队干了10年,转业回来进入了工厂,成为厂里的中层领导。他后来下海建厂创业,成为一个小老板。2011年,他想回村建一个新厂,到镇政府办理建厂手续。他与镇政府徐海勇镇长交谈,徐镇长发现林贤是一个人才,就动员林贤回东院头村担任党支部书记。林贤不愿意,家人也不同意。自家工厂每年有几十万元的收入,而支部书记一年工资只有2000元,村里烂摊子破事又多,当村支书真是费力不讨好的傻事,谁愿意干呢?可他耐不住徐镇长的动员缠磨。林贤说,他从小接受社会主义思想教育,又经过部队10年的磨炼,在工厂车间主任的位置上又干了10年,热爱社会主义,跟党走,成为他根深蒂固的思想观念了。他实在不忍心曾经欣欣向荣的家乡变成这么一个破模样,为改变家乡面貌的使命感油然而生，他不计个人得失，不顾亲友反对，毅然接受了镇党委徐镇长的劝说，说只要村里党员选我当支部书记，我就干上一任三年。

三天后，东院头村全体党员大会在一户村民新盖的连门窗都还没有安装的房里举行，因为村集体连一个办公场所都没有，有36名在村党员参加了会议。徐镇长让林贤讲几句话。林贤在会上表态说了三句话：第一句，我内心其实是不想接任村支部书记的，大家知道，我办了3个厂，收入还可以，回村当支书是自讨苦吃的事。第二句，大家如果一定要选我，那我一定不辜负大家的信任，不辱使命，好好干上三年，因为我是共产党员。但是，我要与全村党员约法三章，党员要积极参加党组织活动，一个党员如果连续三次不参加支部举行的组织活动，请他自动退党。他激将全村党员，他知道支部书记要依靠党员的模范带头作用，才能团结起全村人一起干事。第三句，全村党员都要以党的事业为重，不能干违法乱纪的事。他知道，党员不掺和村里的宗派活动，村里才能正气上升。党员大会选举结果是：在36票选票中，林贤得了34票，他自己没选自己，反对票只有1票，绝大多数党员信任林贤。

林贤主持召开新组建的村党支部第一次会议，讨论先办啥事好，大家纷纷出主意，但最终采纳了林贤的意见。先从整理村里的环境卫生入手，这是事关全体村民切身利益的事，是大家眼皮子底下看得见的事。包产到户以来，村里就没有清理过公共场所的垃圾。村边有一个美丽的小河，叫月亮河，如今月亮河不再美丽了，成了垃圾场，河边垃圾堆成山，臭气熏天。村党支部发动党员和复员军人带头义务劳动清理垃圾，村民也纷纷自愿加入义务劳动中，全村人大干了7天，清理了200车垃圾，林贤和有车辆的党员无偿提供了车辆拉运垃圾。随后，村里建了5个固定垃圾箱，用村办公费定了一个清理垃圾劳动公益岗位，专人负责每天拉运清理村里的垃圾。同时拆除了村里违章建筑6处，使村容村貌焕然一新，村民对此交口称赞。林贤说，群众为啥会信任党支部？就因为党支部能为村民办好事。党组织是靠全心全意为人民服务来赢得民心的，赢得全村人的凝聚力，只有这样大家才能跟党支部一起走，创业办大事。通过这场义务劳动也唤醒了党员为人民服务的责任和义务，唤醒了村民向美向善向上的意识，弘扬了村里的正气。

随后党支部向全村各户发了调查问卷，下一步村里优先干啥事好。村民一致意见是建一座通往镇里的漫水桥。东院头村村头有一条清水河，旱季村民车辆可以涉水过河，一到雨季，人员车辆进镇里办事要绕道30里，非常不方便村里人的生产和生活。可建桥需要40多万元的建设资金，钱从哪里来呢？村党支部不等不靠，自行解决。采取了两条措施：一是党支部成员带头捐款，发动村民捐款，但规定不接受80岁以上村民的捐款；二是到社会上拉赞助。林贤带头捐了2万元，他给女儿、弟妹、亲友打电话动员捐款，每人最低3000元，他开玩笑威胁亲友们，如果不捐款，以后不准你们过桥进村回老家。村里的大喇叭天天公布捐款人的人名和钱数，只用10天的功夫，村里人捐资了13万元，从社会上拉来了20多万元的赞助，最后缺口4万元，由林贤个人垫支，仅用了2个月的时间，一座百米长、6m宽的桥建成了。当初募捐宣传时说，桥建成时，要在桥头立捐款功德碑，记录捐款人姓名，传名后世。但这个功德碑最后没有建立，林贤说因为捐款最多的是他和他的家人，共产党不兴给个人立碑扬名。同时也不能给同村穷困人家造成心理负担。这就是一个基层党支部书记的胸怀。

随后要办的事，是如何使用上级政府拨来的一笔扶持农村上自来水工程的专项支农资金，这本来是件有利于村民的大好事，但按照上面规划的自来水线路，路程远，村里需要配套的资金多，管理上也存在问题。林贤根据村里的具体情况，提出在村里自己打深井、安装两台净化设备等方案。这个方案既节省建设资金，又方便今后村里的管理，但不完全符合项目资金专项使用的规定，有关部门不同意。林贤就不断上门和领导作解释说服工作，最后，有关领导拍板，同意了林贤提出的方案。于是，东院头村在村里打了两眼150米深的水井，解决了村民们吃不上干净水的问题，并为每户村民上了智能水表，方便了自来水收费管理。几年下来，邻近几个村的自来水因各种原因停用了，而东院头村一直在正常运行。周围村的支书都佩服林贤的做法高人一着。

林贤上任支部书记一年时间里，整理村容村貌、建桥、整修村里的4条道路及自来水工程都办得很漂亮，受到村民的普遍肯定和赞扬，但他心里很不满意，因为让村民的钱袋子鼓起来才是硬道理，如何帮助村民生产致富是林贤一直不断琢磨的事。

苹果树生长周期是30年，村里的果树大多已经有20多年的树龄了，果园老化，效益微薄，有的人家已经把果园荒废了。村里有本事的人进城走了，留下来的多是老弱病残的人，村民们没钱、没技术、家里又缺乏劳动力是一个普遍的状况，在农产品市场竞争激烈的条件下，靠一家一户的家庭小生产经营方式致富几乎是不可能的事，出路何在？林贤想以党支部牵头发动村民成立苹果种植合作社，村民抱团搞土地规模化经营，建现代化新型果园。他把这个想法向"两委"成员一汇报，委员们一开始顾虑很多，再搞合作化，是不是又要回到人民公社吃"大锅饭"的老路上去了？上级政府允许吗？村民愿意吗？合作社能够搞好吗？林贤说，人民公社制度虽然有缺陷，但主要的问题，是执行的问题，上级政府干涉过多，管理僵硬化，捆得过死，但是人民公社实现了土地规模化经营，农田水利工程建设取得了根本性的变化，这大家都是看到过的，土地集体规模化经营是全村共同致富的一条正路。共产党就是干社会主义的，集体经营，按劳所得，共同致富就是社会主义制度的基本特征，华西村、南街村坚持集体经营，建成了富得冒油的明星村，为什么我们就不能搞合作化经营呢？理想信念激起村里"两委"一班人的雄心，大家坚定了搞合作社的信心。

村"两委"取得一致意见后，党支部请来了青岛大学合作社学院李中华院长。2012年10月24日下午两点，李院长给全村村民上了一堂公开课。会场就设在村里的一块空地上，临时搭建了一个宣讲台。李院长面对全村一千多村民讲了整整3个小时，这是关系到全村今后出路的大会，与村民利益密切相关，村民在会场上站得满满的，鸦雀无声，听着李院长激情洋溢又深刻透彻的宣讲，村民们的心在沸腾。

晚上，村党支部趁热打铁，给每户村民发了一个征求意见信，信上只写了两条征求意见，同意还是不同意加入党支部领办的合作社。第二天收回征求意见信，结果是75%的村民同意，25%的人不同意。林贤说，面对这样的结果，他是既感到欣慰，又感到党支部做的工作还是很不够，未能获得更多村民的信任。那就再做不愿加入合作社村民的动员工作吧。"两委"成员包户分头到不同意的村民中征求意见，继续做动员工作。

几天后，村委们将调查意见反馈回来，主要有四条：一是不放心集体经营，只愿自家经营；二是有的家孩子上学急用钱，栽新苹果树前4年没有收益，影响自家当年收益；三是有的人家果园里的苹果树还能继续采摘几年，感到入社有点吃亏；四是有个别村民故意与村干部作对，不配合工作。还有的人思想僵化，接受不了新生事物。

村党支部根据不同情况，分别采用不同的措施，对不愿集体经营的村户，采取调换土地果园的方法来解决；对急需用钱的村户和果园还有继续采摘收益的村户，采取合作社转租土地果园的办法，每亩果园地每年给转租费4000元，高出村民自家经营的收益，使他们欣然同意将土地流转到合作社。对与村民故意作对的人、思想僵化的人热情耐心地继续做说服工作。林贤的一个邻居长辈已经70多岁了，她从小抱大了林贤，两家关系很友好。但她抱着种一年是一年的心理，每年果树能收几个钱就满足了，加入合作社怕有风险，没有长远打算，就是不同意土地入社，连转包土地都不愿意。林贤上门磨了三天，才做通了工作。

2013年3月，东院头村村民苹果专业生产合作社成立了，在合作社成立大会上，有位村民首先发言，说："我提一个要求，如果不能满足，我们几户就不加入。"弄得林贤很是紧张，生怕有人来拆台。这个村民说，我们知道林书记在村支部书记任上只有两年的任期了，我们要求你再干15年，我们怕你一走，合作社就办黄了。林贤说，他听了很激动，这说明村民对我工作的信任,当场就站起来表态,说,只要大伙选我继续干,上级组织也批准我继续干,我的身体也允许我继续干,我一定与大家一起干15年。会场上响起热烈的掌声。股民大会上选举出5个理事会成员,3名监事会成员,村"两委"5名委员全部进入了合作社理事会和监事会里。但"两委"成员都不拿工资,林贤给出的理由是,政府已经给"两委"成员一份补贴工资了,合作社刚起步,很困难,党员干部就吃点亏吧。林贤本人表明,把每年政府发的支部书记工资都分给其他委员,他本人分文不取,完全尽一个共产党员的义务。林贤说,他原本就希望"两委"成员都要进入合作社班子里,只有这样才能体现党支部对合作社的掌控和领导。结果如我所愿,这也说明我们班子成员都被村民认可了。林贤说,我认为,社会主义是有益于广大农民的制度,但农民不可能自觉自愿地建设社会主义,搞社会主义必须由党组织来带头引路,组织村民来进行。

合作社把集中回来的260亩土地实现规模化、现代化种植经营。合作社原来起的名字叫东院头村土地股份合作社,但未能通过工商局注册申请,有人不认可土地股份合作这种做法。无奈之下,经朋友帮助运作,改名为烟台市格瑞特果品专业合作社,颇费周折地通过了注册。这是烟台市第一家村党支部领办的村民股份专业经营的合作社。这种新型合作社比贵州塘约村还早成立了一年,但林贤说,我们可没有塘约村搞得好,我把王宏甲写的《塘约道路》一书反复看了多遍,从中学到很多东西,我们还请来王宏甲老师进村指导。林贤说,王老师翻阅我看的那本《塘约道路》书,他看到我在上面写满了体会,很是感慨,特意用手机拍了下来。

合作社基本经营方式是，风险共担，利益共享，日常经营由入股村民选出的6个村民实行团队经营管理，遇到给苹果套袋季节性的农活，采用临时雇工的方法。有的村民到果园打工，一年能有4万元的劳务收入。栽植新苹果树苗后，前4年股民没有一点分红收益，没有所谓的成立合作社要首先每年支付村民入股土地转让费一说。果园收益分成方式，扣除了生产成本，纯利润扣5%作为合作社的积累资金，3%的公益资金，公益资金主要用在年满70岁的老年股民的养老上，他们住养老院，合作社给予资金补贴，然后按股份分红。2016年苹果挂果有了收益，开始年年分红。2018年分红，每亩土地可以分到5050元，这是很了不起的效益，比村民自家经营家庭果园效益高得多。

我诧异合作社果园纯收入高过村民自己经营的收益，有点不太相信。面对我的怀疑目光，林贤对我详细解释，他说，合作社的苹果园原有的老化苹果树全部砍掉了，种植的是最新优良品种。在烟台地区种植1亩苹果，一般每斤苹果的生产费用是2元到2.5元，而合作社的成本只有1元来钱，为什么合作社成本能降下来呢？主要是采取机械化果园作业，节约了大量人员劳动成本。果园采取了先进的种植技术，水肥一体化管理，省肥省水，可以比过去常规经营节约一半化肥和浇水的费用，效果却更好。农药使用更有优势，大型机械作业，有时用遥控无人飞机来喷施农药，既节省农药钱和工人的工资，苹果上农药残留还少，实现了果品绿色环保有机生产。合作社是大户，可以低价购进农用物资。这样就比村民个体经营降低了生产成本。合作社采用了防雹网、太阳能杀虫灯、地膜覆盖等新技术，有条件种出优质的苹果。苹果是按等级销售的，不入品级的苹果每斤连2元都卖不到，合作社果园采取的是标准化种植，有专家技术员做指导，种植出来的苹果优质率高，而且合作社苹果有规模品牌优势，可以卖出好价钱，我们合作社的特级苹果每斤可以卖到15元，这是一般苹果种植户很难达到的。我明白了这就是优质高产苹果的效益所在。

我去年来烟台参观果园时，了解到建标准化新果园，每亩建设成本高达3万6千元。我问林书记，建果园的土地是通过合作社集中起来了，那建果园的资金从哪里来得呢？林书记说，不同于雇专业公司干，我们是自己来建果园的，每亩建设成本2万元就够了。但当时筹集500多万元的建果园的资金真是犯了愁。向银行贷款，人家不对集体办的合作社放款，从社会上引入资金倒是一条路，上海一家投资公司闻讯赶来投资入股合作社，但人家提出要控股51%，我们没有同意，因为我坚持认为，合作社要由本村农民当家作主。后来这家公司同意入股比例降为49%，我还是没有同意，只让他们入股30%，人家不同意告吹了。我认为农民只有2亩土地的资本，这是他的命根子，一定要实现土地收益最大化，使农民能靠着2亩地生活养老。但资金是硬头货，一分钱逼倒英雄汉，就是这个道理。我们只好自筹资金来解决，党支部下了摊派任务，我这个支部书记出资20万元，村集体主任出资10万元，"两委"成员、合作社理事会监事会成员每人出资5万，共产党员和合作社管理经营团队成员每人出资3万元，村民现金入股金额不限，原则上1元到20000元均可。每入股1亩地等于折合出资8000元，这样就把建设资金大体筹足了，不够部分赊欠农资供销公司的，解决了建果园的资金问题。我们股份结构是这样组成的，1亩地作价8000元，1元钱就是1股，入现金1元钱

1股，全村有140户村民入了合作社，共筹集了资金2200万股，其中村集体占股13%，村民占股87%。我现金入股了20万元，2018年分红到手十几万元，老婆当初以为我又把钱捐献了，没有想到能分红这么多，很开心。股金联心，合作社把大家绑在一起，共同劳动致富。在我们村里，既没有暴发户，也没有过不去的贫困户，大家一起奔小康，共同富裕，这样就很好。

合作社集体经营的果园260亩，2018年，合作社分红，村民入股合作社1亩土地可以分红5050元，集体经营效益十分突出。村民自家经营果园，劳动不计成本，1亩果园一般纯收入也只有三四千元，农民流汗干一年还不如入股合作社分红多。栖霞市农民土地一般流转费每亩为500～1000元，入股合作社收益比村民自行流转土地承包费高出了5倍多。而且村集体收入了50多万元。在分红现场，入股村民笑逐颜开，闻讯前来的各级领导热情讲话，给予合作社工作高度的肯定，村民以热烈的掌声通过了村党支部书记兼合作社理事长林贤做的合作社年度工作报告。可是谁能想到2012年该村集体经济收入还是一个空白，更准确地说是一个集体经济亏欠塌底村，村集体只有几间破房，还被个别村民霸占了，理由是村集体欠他们钱还不了。村里果园老化，村民收入无几，大家纷纷外出打工谋生。我问东院头村这几年发生了这样巨大变化的原因何在？林贤书记说，东院头村的变化印证了市委组织部于涛部长总结的三句话：党建做实了就是生产力，做强了就是竞争力，做细了就是凝聚力。我们就是依靠党支部发动群众，把村民组织到合作社里，走村民共同富裕的路，才实现了东院头村草鸡变凤凰的转变。

如今东院头村已经成为烟台市苹果优质高产高效新种植技术

的示范基地，每年有大批参观者前来观摩学习苹果新种植技术和党支部领办合作社的成功经营模式。

林贤说，我们办合作社不追求虚名，真心追求能为村民带来实惠，按照多数村民的意愿一步步做工作。我们现在合作社计划开辟第二个合作经营的果园，村里有一块500亩没有分到户的土地，现在采用的是村民竞价承包的方式经营，2022年承包到期，也要收回来，按合作社集体经营的模式来搞。争取在几年内将村民所有土地一起收回来，实现全村村社一体化经营。现在村集体经营收入有这么几块，一是合作社将原来一家一户的260亩土地整合后，去掉了地埂边界水沟等，多出了近十几亩土地，这十几亩土地作为村集体资产入股合作社，2018年分红到账12万元。村里争取回一个光伏发电项目，每年可以为村集体增收18万元。村中有6亩空地，是人民公社时期，公社占用了我村的地，后来镇政府卖给了私人，我又用6万块钱从私人手中买到手，捐献给村里，在这块地上引资建了一个菌肥厂，村集体每年可以分到10万多元。村里还有一块空闲地，在上面建了一个苗圃，明年就有收益了。村里建了一个篮球场、一个文化广场，路边和空地上种草种树，使村庄实现了园林化。村集体2018年收入达到了50多万元。以后果园进入了盛果期，收入会一年比一年多，村集体有钱了，才能为村民办更多的好事，凝聚村民一起奔小康。说到底，还是于涛部长总结的话好，党建工作十分重要，这是农村基础性的工作，党建工作搞好了可以促进村里再上新台阶。抓党建，把群众组织起来搞现代化农业生产，这是我们村发生巨大变化深层次的原因。

林贤已经是60多岁的人了，可是他身体很壮实，中午不休息连续工作，也丝毫没有疲惫的感觉。他虽然是身价过亿的老板，早就开着宝马私家车，但丝毫没有老板的气派，在村集体办公室里喝着白开水，与人见面说话，满脸都是真诚的笑容，给人一种平易近人的感觉，朴实无华，活脱脱一个老农民的形象。我惊异于他在不同社会角色上的从容转变。他笑着说，我做人把持着四个定位：目的纯正、动机端正、位置摆正、办事公正。在村里我就是普通农民，村人从不把我当作一个外人对待。到上级政府机关办事，我就是一个小小的村支书，对每一个机关工作人员都谦和有礼。对上级党组织和政府下达的工作任务尽心尽力地去完成。所以，我的人缘特别好，我愿意帮助人，别人也愿意帮助我，有舍才能有得，有钱难买人说好，工作能得到家乡人的肯定，这对我来说是很大的赞赏，这是我最快乐的事。能使全村人一起过上共同富裕的幸福生活，这是我人生的最大满足。林贤获得了党和政府授予的多项社会荣誉，他是烟台市劳动模范、山东省优秀共产党员、山东省优秀退伍军人，担任着栖霞市苹果产业协会的会长。他工作生活很充实，他笑着说，人要充满正能量，活着才快乐，才会长寿健康。

　　这真是一个可亲可爱可敬的村支部书记。我相信东院头村在村党支部领导下，大干三五年，一定会实现村党支部和村集体定下的村民人均年收入达到5万元，村集体经济收入提高到600万元的奋斗目标。

　　人才兴国，实施乡村振兴战略，人才工作首当其冲。农村工作千头万绪，搞农业需要具有广泛的知识和实践经验，还要有市场经营的头脑，没有现代知识学问、没有本事的人当不了一个村庄的领头人。

牟平区小苇子村老书记杨年岐，当了30多年村书记，在村里威信很高，但他自我感觉干不了现代化的农业，提前培养了一个外出创业成功的中年人入党，顺利交班，新书记一上来，就迅速打开新局面。但是光是能人还不行，一定要有社会主义理想和情怀的人才会回村挑头干。前面介绍的刘永乐，他父亲就是干了几十年村干部，前一阵子，区委组织部和镇党委进行党支部书记、村委委员群众推荐问卷调查，他儿子被93%的村民推荐为候选人。刘永乐笑着说，我儿子在北京创业，但他担任着栖霞市在京流动党员党支部书记，为家乡人招商引资、引进人才做了很多工作，所以村里推选他。我说，你儿子回来要抢你的权了。刘永乐说，那不可能，他在北京也干得顺风顺水。我说，当年你也是干企业挣钱好多呀。刘永乐笑着说，人活着不光是为了挣钱。于峰也是，我问他，你当年拿出20万家底钱入合作社，你父母家人一定反对吧。于峰说，没有反对，都是支持，因为我们一家三代人，成年男子十几人全是共产党员。

社会主义是一种社会制度，是一种生活方式，也是一种信仰，这种红色基因代代相传，具有社会主义理想的人才有建设社会主义的激情。只有社会主义才会实现人民的共同富裕，那才是一个真正美好光明的社会。

第四章
苹果之乡的突围

栖霞市果园飞机喷药作业（烟台市组织部供稿）

烟台市是全国主要的苹果产区。苹果是烟台市的支柱产业，是我国苹果出口的基地，2016年，全市苹果出口额完成1.58亿美元，拉动全市外贸出口增长了11.3个百分点，烟台苹果主要出口到东盟国家。烟台市苹果引领全国苹果产业的发展。

栖霞市是烟台核心产区，有着中国苹果之都的美誉。全市苹果种植面积128万亩，占全市总耕地面积的90%多，年产苹果约22亿公斤，果业年产值达160多亿元。苹果总产量、果品质量、产业层次均居国内领先地位。栖霞市人自豪地说，栖霞市所产的苹果，够全世界每个人吃上一个。

栖霞地处地球北纬37°的苹果黄金种植带，属暖温带季风型半湿润大陆性气候，全年雨量适中，光照充足，雨热同期，秋季昼夜温差大，生态条件优于美国华盛顿州，远超过日本、韩国，发展苹果自然条件得天独厚。境内群山起伏，丘陵连绵，山丘水泊相间，有"六山一水三分田"之说。栖霞苹果多种植于山坡梯田上，光照条件好，小气候优越。土壤质地疏松透气，矿物质含量丰富，氮磷钾比例协调，并富含钙、镁、铁、锌等苹果必需的矿质元素，生产出的果品营养价值极高。独特的水土条件、优越的气候条件和良好的生态环境孕育了栖霞苹果的优秀感观和独特品质。栖霞苹果品质特征为"秀外慧中、质脆皮薄、酸甜适口、弥久愈香"。

"秀外慧中"体现在栖霞苹果外观色泽鲜艳、品相端庄、果面光洁、营养丰富、风味上佳、有口皆碑。栖霞苹果果肉中富含可溶性糖、蛋白质、脂肪、有机酸、维生素、胡萝卜素，并含有丰富的磷、钙、铁、钾、镁、锌等其他人体必需的矿质元素。

"质脆皮薄"体现在皮薄汁多，鲜香脆爽，甘之如饴。肉质细腻，硬度适中，果皮薄而洁净，带果皮品尝仍细脆润爽。"酸甜适口"体现在"口感酸甜黄金比"。适时采收确保了栖霞苹果酸甜适口，酸甜黄金比例爽透味蕾。"弥久愈香"体现在栖霞苹果富含多种抗氧化物质和酯类、醇类几十种芳香类物质，构成了栖霞苹果香气浓郁和耐储藏、货架期长达1个月的特点。

栖霞苹果属于国内高端产品，价格比其他产区高得多，一般苹果收购价五六元一斤，高端优质苹果收购价可以上到每斤17元。苹果产业让栖霞市农村成为一个富裕的地方。2009年，中央电视台新闻联播出现一条新闻，说栖霞市是全国买小汽车最多的县级市。

然而，近年栖霞市苹果产业发展却进入了瓶颈。苹果树寿命一般为30年，栖霞市苹果多是20世纪80年代栽种的，果园老化退化极为严重，果树亟待替换更新，可果树要更新谈何容易，栽苹果树第四年才结果，有收入，一般农户三四年期间没有收入怎么生活？更何况，更新种植1亩新果园成本在2万～3.6万元，村民承担不起。实行果园土地流转，路也行不通，因为苹果收益大，好的果园1亩纯收入可以上万元，苹果园流转土地成本太高，种植成本太高，开头四年果树又不挂果，公司流转土地建果园风险大，一般不敢涉足。因此，在栖霞市苹果产业绝大多数是一家一户种植，苹果种植大户和农场化种植极为稀少。而要实现苹果现代化种植经营，一家一户又根本没条件搞，出路何在？党支部领办合作社的模式，就为苹果产业突围创新找到了一条出路。

目前，栖霞市苹果产业主要模式是：

通过党支部领办合作社，村集体和村民以土地水利设施等生产资料入股成立合作社，由村党支部书记出任理事长。合作社与果品龙头企业合作经营。合作社提供土地，组织村民参加果园劳动。果品龙头企业负责投资果园建设，支付每年村民土地的流转费，支付日常农工的工资，负责果园的管理和果品的营销。将来果园盈利，实行按比例分成，一般为村集体分10%，农民分20%，龙头公司分70%。由合作社派出会计，每笔开支都要受到合作社的监管。

村民把土地果园流转出去，头几年可以得到转让土地生活保障金，后几年就可按地亩股份分红。平时到果园打工，还可以挣到每天80～120元的务工工资。

下面具体介绍两个党支部领办合作社的经营模式。

栖霞市臧家庄镇北洛汤村党支部＋合作社＋公司＋农户的经营模式。

北洛汤村476户，1236口人，村"两委"成员5人，党员48名，耕地面积1148亩，果园面积700亩，山峦2000亩。2015年8月成立了村党支部领办的泽霖果品专业合作社，发动群众把果园折股量化，引进农业公司，共同建设苹果示范园。实现了资源变资产、资产变股金、农民变股东的"三变"转化，从此，村子发生了翻天覆地的变化，由市级扶贫重点村，一跃成为村民人均收入1.4万元的省级美丽乡村创建示范村。

经营模式是合作社拿地，企业拿钱，共同建设生态苹果示范园。前期投资由企业负责，村集体作为第三方参与管理，合作组织的会计由合作社派出。从第1年开始，公司连续3年按每亩1000元的标准向农户发放生活保障金，第5年开始苹果园获得收益后，除去生产成本、周转资金等必要开支外，盈利部分按公司65%、集体5%、农户30%比例分成，农户每入股1亩地，按3万元股金对待。待企业收回成本后,将企业比例下调至55%,农户比例提高至40%。预计果园两年后进入盛果期,每年可实现纯收益400万元,村集体增加收入20万元,农户实现总收入100万元。这就解决了果园更新升级,村民没有资金,资本没有发展空间的问题,将土地资金结合在一起,实现产业的飞跃,大家共同致富。

土地实现整块地平整,去掉了地埂占地,多出了10%的土地,属于村集体,也要按地亩分红,实际上村集体的收入远不止20万元,起码在50万元以上。

我还参观了栖霞市松山街道汉桥村。该村共有584户,1638口人,耕地1900亩,其中果园1200亩。汉桥村是一个老果园区,但因果树品种老化、水利设施不完备,苹果收入骤降,村民致富无门。全村贫困户一度达到41户、56人。2017年12月,汉桥村党支部领办了合作社,与栖霞市投资公司联营,一次性流转土地618亩,建成高标准苹果示范园。该投资公司是市政府控股的合资公司。

2019年,村集体收入增长到15万元,到了盛果期后,村集体可增收400万元以上。

以上这两个村都得益于两个政府支农项目工程。栖霞市现代农业产业园,是农业部和财政部2017年10月确定的第二批30个国家现代农业产业园之一,是以苹果产业为重点的国家现代农业产业园。产业园计划总投资30亿元,主要改造和提升果园18万亩,辐射带动果园改造30万亩。目前,已累计投入资金19.1亿元,建立了141个村党支部领办的合作社,流转土地3.5万亩,修复土壤4万亩,采用水肥一体化1万多亩,推广优质新品种50

多个，栽培优质苗木399多万株，新建或提升苹果标准化种植示范园6.5万亩，带动8000多户农民增收致富，其中从根本上解决了4000多建档立卡贫困人口的脱贫问题。建立完善了"生产＋加工＋科技＋营销"体系，在生产体系上，建成了物联网和产业园大数据平台，实现了智慧化管理；在加工体系上，引进发展加工、农旅等企业20多家，农产品加工业产值与农业总产值比达到3∶1以上；在科技体系上，与10多所高校院所建立合作关系，建立科技平台5个，农业科技贡献率达到65％以上，培养新型职业农民2.5万多人次，仅果都现代农业公司就吸引农二代回乡130多人；在营销体系上，建立了产地可追溯、冷链物流、"互联网＋"、电子交易"四大体系"，线上线下市场同步拓展。

另一个是"山东省美丽乡村建设规范"项目，该项目分为三个等级，评上项目，村里可以得到政府财政资助。

个体农户家庭小规模经营，是没有条件对接到政府支农项目的，支农项目资金往往被村里强强联合的富裕村民和外来公司争取到手了。村民如果把土地转让给种植大户、外来公司，只能得到一笔流转费，享受不到果园发展的红利。村民通过加入合作社，弱小穷困的村民也可借助合作社的组织优势，享受到支农资金的优惠，这就是村民组织起来得到的好处之一。大体估算，加入合作社比单纯流转土地收益高出好几倍。而且，入社村民心态上也是大不同的，他们依然是土地的真正主人，通过合作社来行使土地承包权。

集中回来的土地果树进行现代化果园的改造建设，原有的果树一般都要砍掉了，栽种最新优良品种，应用最优栽培技术，比如果园实行水肥一体化，机械化管理，全面实施"苹果全产业链提升工程",推动苹果一二三产深度融合,打造栖霞苹果产业链相加、供应链相通、价值链相乘"新六产"。苹果园的产量、所生产下的苹果产值可以得到成几倍的提升,真正让村民特别是贫困户受益。

栖霞市借助束怀瑞院士工作站和苹果产业发展研究院的智库力量,在全市范围内掀起了苹果产业革命。进入新时代,瞄准果业大数据,全力建设果都云大数据平台,栖霞苹果正以精准果业、智慧果业、数据果业的姿态面向世界。近年来,栖霞市始终秉持"绿色、生态、优质、高效"为发展理念,以党支部领办合作社为抓手,以科技创新为引领,在全市大力推广"宽行密植—水肥一体—绿色防控—智能管控—物联追溯"矮砧集约栽培模式,实现了统一土壤修复、统一更新换代、统一种植模式、统一科学管理、统一品牌打造、统一销售经营"六统一"的标准化生产经营管理。

在第二产业发展方面,围绕苹果产前、产中、产后服务和苹果深加工等相关产业迅速发展,形成了产业链完备的格局。肥料生产企业20家,年生产能力20多万吨。全市的纸袋生产企业有100多家,年生产纸袋约30亿个,年产值1亿多元。目前全市果汁、果醋、苹果脆片、果酒、果脯等果品深加工企业21家,年加工能力80万吨以上,果品加工年产值52.68亿元。在果汁、果醋、苹果脆片、果酒、果脯等初加工产品的基础上,拥有苹果酵素、面膜、胶囊、果胶等高附加值产品研发加工能力,引进法国气泡酒、日本鲜果汁等先进生产线,提高了产品附加值,实现了苹果产品的高端化、多元化。

全市果品冷藏企业600多家,拥有果品冷风库、气调库634

座，年贮藏能力100多万吨，产业配套能力满足了苹果的长年储藏销售；拥有果品商品化处理流水线975条，年处理能力200多万吨。栖霞苹果新型销售模式不断创新，线上线下直营店销售深受大众欢迎，在淘宝网、京东商城等大型商务平台建设地方特色馆、旗舰店，目前全市发展天猫栖霞苹果旗舰店等网络店铺3000多家。全国第一家从事产地果品拍卖的专业公司——栖霞果品拍卖中心有限公司，通过第三方市场拍卖模式与供应链管理模式进行创新融合，配合高效完善的物流配送系统，打造出集信息流、商流、物流、资金流为一体的大型专业果品拍卖市场。苹果旅游成为农业与第三产业融合发展的主要形式，目前共创建省级旅游强乡镇、示范点、精品采摘园、开心农场、星级农家乐60余处，其他各类乡村旅游点100多处。

进入新时代，栖霞市秉持五大发展理念，以国家现代农业产业园创建为契机，以果业供给侧结构改革为主线，以村级党支部领办合作社为抓手，以"苹果革命"为主路径加快果业新旧动能转换，积极构建栖霞苹果三产融合体系、绿色生产体系和创新经营体系"三大体系"，探索一条以"果业振兴"带动乡村全面振兴的"栖霞道路"。

2009年，栖霞苹果获国家工商总局"国家地理产地证明标志"的批复。

2016年9月，栖霞被中国果品流通协会授予"全国现代苹果产业10强市"荣誉称号，栖霞苹果获"2016年中国果品区域公用品牌品牌价值十强"称号。

2015年山东栖霞国家农业科技园区被科技部批准建设；2017年，栖霞市被财政部、农业部批准创建国家级现代农业产业园。2018年12月，农业农村部、财政部授予栖霞市"国家现代农业产业园"牌匾。

2018年10月16日，在山东各国驻华大使馆联合授予栖霞"全球驻华大使馆共同推举的世界苹果之城"，授予栖霞苹果"全球驻华大使馆指定专用水果"。

栖霞市苹果正在走出瓶颈，优化了产业结构，提升了整个产业生产水平，创造出中国乃至世界苹果优质品牌。

第五章
牟平区两个合作社的典型范例

牟平区高陵镇小苇子村让贤老支书杨年岐（智广俊摄影）

牟平区党支部领办合作社工作做得扎实，龙泉镇西台村合作社和小莩子村合作社给我们留下深刻的印象，堪称典型。下面分别介绍如下：

西台村共有151户，390口人，村"两委"成员4人，党员33名，土地1500亩。这是一个交通闭塞的村，过去很穷，"小穷疃，小穷疃，收下的麦子不够一火管"。当地流传着的这句顺口溜，形容的就是西台村的穷。这句话的意思是，西台村一年收下的麦子，不够一烟锅。这个村有了名气，是从2019年党支部领办合作社开始的，西台村大棚樱桃种植出了名。

2019年3月13日，龙泉镇党委组织了部分村党支部书记到栖霞市参观党支部领办合作社，这次参观，让西台村党支部书记王文明大开眼界，激发出学习栖霞市经验、回去大干一场的想法。他总结出四点学习体会：发动村民入股，整合零散土地，发展产业经济，走党支部领办合作社的道路。王文明参观回来，召开村"两委"扩大会议，介绍了栖霞市的经验和自己的想法，委员和党员们都赞成做。王文明是一个说干就干，有想法、有能力的人。"两委"委员白天出去做市场调研，跑建材，跑苗木市场，晚上召开党支部扩大会议研究，会议连续开了11个晚上，制订出了合作社章程。这个章程立足于本村的实际情况，参照了外地经验，又请镇司法所工作人员从法律角度进行了审查，切实可行。下面摘录介绍一下这个章程的要点。

第二章：入社

（一）现金入股

第三条：凡本村户口，2019年在理事会规定的时间内现金入的股，都成为原始股。每股1000元，每户最低入5股5000元，上不封顶。原始股派送1股。户口不在本村的也可入股，也是原始股，但不给派送股。

第四条：以后入股，都不给派送股。且按照年份每年核减10%的股份价值。比如，合作社成立2年后入股，入5股5000元，股金价值乘以80%，只按4000元的价值计算，比原始股少了1000元。

第五条：不盈利不分红，但是按照股金金额的百分之三的利率支付利息，当年结算，绝不拖欠。

（二）土地入股

第六条　合作社与土地承包户签订转让合同，期限最长可达二十年。

第七条　分泊地、塂地、山地三类。分别以每亩500元、300元、200元的价格入股，将总数资金计入股份内，视为原始股。以后入股的土地均照此方法进行，但不属于原始股。土地价格随国家相关土地政策而变。

比如，张三有泊地2亩地，2019年入社，期限是5年，原始股价值是：

500元×2（亩）×5（年）=4000元，即4个原始股。

第八条　合作社不盈利前不发现金，照入股（原始股）的方法积股。

第九条　本社对由成员出资、公积金、国家财政直接补助、他人捐赠以及合法取得的其他资产所形成的财产，享有占有、使用和处分的权利，并以上述财产对债务承担责任。

第十条　经成员大会讨论通过，本社投资兴办与本社业务内容相关的经济实体；接受与本社业务有关单位委托，办理代购代销等中介服务；向政府有关部门申请或者接受政府有关部门委托，组织实施国家支持发展农业和农村经济的建设项目；按决定的数额和方式参加公益捐赠。

第十六条　成员要求退社的，须在会计年度终了的两个月前向理事会提出书面申明，方可办理退社手续；其中，团体成员退社的，须在会计年度终了的六个月前提出。退社成员的成员资格于会计年度结束时终止。资格终止的成员须分摊资格终止前本社的亏损及债务。

第二十条　理事会是本社的日常管理机构，由入股数额前十名加三名支部成员组成。

第二十九条　盈利后，合作社抽取纯利的百分之二十作为集体公益金，用于下列用途：村民的危房改造；救济贫困户；特殊疾病救助；奖励考入重点大学的学生、品学兼优的学生；奖励五好家庭；奖励孝敬父母的好儿女；用于村里的环境改造，包括街道、山路的硬化，公共设施的更新，集体场地的绿化等。

（备注：引用上述章程条款，避免文字拖沓，本书有删节和个别文字调整修改的地方，以西台村合作社章程原文为准。）

村党支部办公室保存着这份合作社章程，最后两页，是村民签字盖章页，满页红手印给了我一个强烈的视觉冲击，使我感慨万千，这个地方的农民，在新的时期，又用红手印的形式，来表达对新生活的向往和追求。

西台村党支部领办合作社，在制定章程、发动村民的入社过程中就先干起来了，王文明拿出60万元带头入股，流转了20亩闲置土地，购置了樱桃苗，先干了起来。

2019年4月2日，18辆13米长的大拖车停在西台村村口，车上装载着650棵6年树龄的樱桃丰产树，每棵购价700元。

4月26日，樱桃大棚已经砌起了1米高的墙。所用的建墙材料，都是村民将自家房前屋后闲置的碎砖乱石捐献出来的，省下不少费用。地头铺着平整的灌溉管带，650棵樱桃已经绑好了拉枝的布条。

5月10日，西台村党支部领办合作社成立大会在村集体大院里举行，121户村民入股，占全村总户数80%。村集体以水利灌溉设施入股，占20%股份。村民以100亩土地和153万元资金入股，占80%的股份。西台村建合作社可谓是雷厉风行。

龙泉镇镇党委组织委员纪琳琳参加了成立大会，她对我说，会议现场真是感人，全村男女老少在场地上坐得满满的，秩序井然。有人提议开会前先放鞭炮，图一个喜庆吉利。王书记在台前说，大家站起来往右移动5米，以免炮仗伤人。人群像军队一样，有秩序地移动了，鞭炮响过后又移了过来，村民真是听话有纪律。

我问王文明，在动员群众入社遇到了困难不少，费了不少周折吧，讲几件事听一听。王文明温和地一笑说，没有遇到什么大的困难，村民自愿加入，我们绝不勉强，挺顺利的。

纪琳琳对我说，王书记接任书记以来，为村民办了几件大事，过去西台村吃水都困难，别说浇地了，水的制约就使西台村成为一个远近闻名的贫困村。王书记找水利技术人员多方勘探，终于找到了一处水源，打成了深水井，在山顶上建了蓄水池，将井水输到蓄水池里，铺设了进村进地的管道，村民吃上了自来水，地里拧开水龙头就能浇地，村里人高兴极了。党支部在村里威信高，有号召力。王文明说，村民浇地，我们只收电费成本钱，浇一小时只要七八块钱，有的村，机井属于个人所有，人家卖水挣钱，浇地一小时要花四五十块钱，我们只为村民办实事好事，村民没有不配合党支部工作的道理，我们村里没有挑事闹事的人。这就是党支部平时细致的工作，才会出现一呼百应的局面。

2020年5月下旬，我们到西台村采访，走进樱桃大棚，樱桃树长得茁壮喜人，樱桃已经下树了，销售一空，每斤价格在四五十元，经济效益十分可观。大棚里还残留有少许樱桃，樱桃像红玛瑙一样晶莹可爱，吃到嘴里甜香可口，回味悠长。当年移栽樱桃树，当年挂果，有了收益。王文明对我说，树移栽过第一年，我们不敢让果树多挂果，这样会影响树的生长发育，明年果树就进入了丰产期。樱桃开花时，正值新冠病毒疫情防控的期间，樱桃需要人工授粉，雇不来干活的人，全村共产党员只好自己来干，大家每天早早起来蒙在大棚里干，棉衣不能穿，穿的单衣都湿透了，可受罪了。西台村共产党员体现了越是困难越向前的精神。

王文明是一个村里的能人，包产到户后，他从事苹果贩运营销生意，挣下不少钱，他为人公正仗义，也是为了带领全村人共同致富，抛下生意回村当上了支部书记的。他很有头脑，有着生意人的精明，管理合作社，处处精打细算。当初为了买树苗，他跑了好几个地方，与商家不断砍价，每棵树降价300元买回了小树，节省了资金20万元。建大棚时，王文明领着全村30多名村民一起干，仅用40万元，就盖起了6个大棚，比外包省下一半的钱。原本在大棚之间预留的过道上，也栽上两排露天樱桃树。我们还在现场看到，大棚樱桃树下养着鸡，外面养着鹅，鹅吃掉了杂草，省下了除草用工。综合利用，物尽其用。西台村合作社会员还学会了自行嫁接苗木，这样樱桃树苗不仅可以满足自用，还可以对外出售，增加了收入。当初有人提议把大棚包出去经营，立即遭到会员们的反对，他们说："自家的活儿，就得自己干才放心。"

西台村党支部领办合作社，决心大，行动快。党支部一班人真心带领村民一起共同致富，与村民心连心，他们虚心听取村民的意见，工作中注意每一个细节，事事处处让村民放心，取得了村民的信任，合作社工作开展得顺风顺水，还没有入社的村民纷纷提出了入社申请。王文明说，明年计划再开山建200亩的苹果园，再建20个樱桃大棚，再过两年，全村土地都将实现合作社来管理，现在不能盲目扩展合作社，不能贪大求成，要稳扎稳打地走。2019年合作社发放村民劳务费40万元，村民就地打工挣到了钱。西台村现已建成1.5亩地的小棚8个，4亩地的大棚2个，预计年底就有100万元的收入。我相信西台村今后的路会越走越好。

小苇子村共有村民146户，373口人，党员24名，"两委"成员5人。全村耕地面积1200余亩，林地山峦约200亩。吕曰刚担任村党支部书记兼村主任。2018年10月注册成立了烟台市山农果业专业合作社，主要发展苗木和果树种植。合作社股份构成是：村集体以基础设施、集体土地入股，占股30%，村民以资金、承包地、劳动力、物资等折价入股，占股40%。同时为了缓解资金压力，吸收外来资金入股，占股30%。目前已有124户村民入社，占全村总户数的85%。合作社现运营土地270亩，其中矮化现代化苹果园200亩，乔化果园50亩，新型樱桃苗木10亩，绿化苗木10亩。

几年前小苇子村还是一个暮气沉沉的落后村，凡是有点本事的人、有点力气的人都到外地谋生去了，农民曾经视为命根子的土地也大批撂荒了。当时担任村支书的杨年岐犯愁了，深深感到自己的无能为力。这是一个对党忠心耿耿的老共产党员，三十多年勤勤恳恳地为全村人服务，在群众中落下一个好名声。但他觉得，一个村在自己的领导下，不但没有长进，反而后退，这就是失职，这就是胜任不了工作，还是给青年人让位吧。他把培养村支部书记视为最紧迫的事，几经考察选择，他觉得从村里出去的吕曰刚是一个好苗子。吕曰刚建了一家化工厂，生意做得不错。更重要的是他公道正直，愿意帮助别人，是一个很靠得住的人。杨年岐培养他入了党，第二年就把支部书记位置让了出来。吕曰刚其实对接任支部书记很是犹豫，放下自己的工厂不干，揽一个穷村的烂摊子，真是得不偿失。他当时担任着牟平区政协委员，区领导、镇领导都动员他回来干，盛情难却，于是他毅然回村接过了书记的担子。

吕曰刚是一个有头脑的能人，2014年，他回村任支部书记，首先发起成立了农民专业合作社，种果树栽苗木，他觉得不把农民组织起来，就办不成大事。吕曰刚和村党支部成员、村民拿出48万元入股合作社，但资金还是面临着大缺口。吕曰刚多次外出引资洽谈，最终引进了270万元资金入股合作社。2018年8月，吕曰刚参加了烟台市委组织部举办的村党支部书记领办合作社培训班，他的心里更亮了，认定党支部领办合作社是小苇子村实现振兴的光明大道。2018年10月，村党支部领办合作社正式在工商局注册为烟台市山农果业专业合作社。首先解决的是土地问题。吕曰刚与"两委"成员一家一户地做工作，最终从村民手中流转了210亩土地，加上村集体的60亩地，合作社共有了270亩经营土地。这些地基本上是撂荒山地，不通水，没有车走的路，老百姓都说，"这些地种啥啥不长，一亩地打不下半袋粮"。但吕曰刚有自己的打算，他要把这片荒地打造成现代化的果园。因为村党支部已经争取到了政府支农高标准农田建设项目，资助资金高达503万元，有了实力。

杨年岐虽然从村党支部书记位置上退了下来，但他还是支部委员。他说，当初合作社有外来资本大股东，有人提议，一亩撂荒地只要花上几百元钱，就可买断20年土地承包使用权，用这种做法流转土地更省事更合算。但经党支部会议研究，大家觉得我们建党支部领办的合作社不同于一般农民合作社，不能占村民的便宜，要拉上村民一户不落地走共同富裕的道路。"两委"成员宁愿一家一户登门动员村民将土地入股加入合作社，也不采用买断村民承包地二三十年使用权的办法。其实，当时有不少村民更喜欢承包地被买断，一次性能拿上现钱，他们对合作社的前景不抱多大的希望。

随后，党支部对原有的合作社的股份进行了改造，采取了以三升促一降的方法优化股份结构。这三升为：不断动员村民入股合作社，提升村民占股比例；村集体每年拿出部分盈余入股，提升集体占股比例；将从上面争取到的503万元项目补贴资金，合理量化到集体和村民股份中，一并提升了村集体和村民的占股比例。一降为，逐步降低外来资本股金的占股率。现在合作社股金结构已经由原来外来资金占股70%降到了30%，外来资金还要降，最终要降到20%。有人奇怪，为啥这些年来，各级政府对农业资金投资那么多，扶持力度那么大，农村反而出现了需要政府来扶贫的贫困户呢？我认为，其中一个重要的原因就是，弱小个体农户无力对接政府对农村、农业的投资项目，有的村民连承包地都一次性流转出去了，他们享受不到这种政府投资项目的优惠扶持。小苇子村的发展经过就是一个具体的案例。农民如把土地流转到资本公司手中，公司以农民合作社的名义争取到土地高标准建设项目，那503万元项目资金受益的只是公司大股东，与村民何干？党支部领办的合作社首先考虑的是广大村民的利益，一切为了村民着想，把政府资助农业的款项落实到每个村民的身上。

政府对农村的建设、对农业的扶持，往往是以项目投资方式来进行的，比如高标准农田建设、国家级苹果园基地建设等，政府财政投资金额巨大，但个体农民像一个个小蚂蚁，即使给了他一块大骨头也搬不回各自的家。而通过党支部领办合作社这种形式，就成功地对接了政府投资项目，而且完成得很好。有组织的农民就像是一支能战斗的军队，能够攻坚克难，什么样的人间奇迹都可以创造出来。

我们在小苇子村就感受到这种巨大的变化，这种组织起来的农民有着移山倒海般的力量。过去上山的坡地，马车都上不去，如今宽敞的水泥大道直达山顶。山顶建有大型蓄水池和水肥一体化机器，机器上安装着4个透明管，可以清楚地看到氮磷钾微量元素的添加比例。果园聘请了中能集团的专家给予栽培技术指导，根据土壤养分的含量和果蔬作物不同生长时期对养分的不同需要，科学地按比例添加氮磷钾和微量元素肥料，通过水肥一体机加入输水管线，施入到地里。

小苇子村原任和现任党支部书记陪同我们到果园里参观。果园采取的是密植果树、加宽行距的方法，栽种矮化苹果，行距宽便于机械化操作，节省人工，节省费用，而且苹果树受光面更好，能够生长出质量标准一致的优质苹果来。苹果树下，专用地膜覆盖，铺着从以色列进口的耐特菲姆滴灌带，这种管道具有自带压力补偿功能，能达到高点和低点均匀滴灌的效果，每年可以节省灌溉用水30％。采用了先进的果园栽培技术，就不存在山地果园地势高低、土壤肥瘦的现象了，山顶与山脚苹果树长得一样好。这处果园里，到处都能感受到"硬核高科技"，果树品种都是最优新品种，"元富红"苹果市场价能卖到每斤8元，"维纳斯黄金"苹果能卖到每斤12元。果树施的是量身定制的"配餐肥"，结出的是能卖上高价的"黄金果"。小苇子村现代化果园让我大开眼界。

站在小苇子村山顶四下观看，一派现代化新农村气象展现在面前：村道宽阔笔直，水管取代了水渠埋在地下，果园里果树排排成行，蜜蜂昆虫在飞舞，清新空气沁人肺腑，四下绿海涌浪，山顶路边宣传画赏心悦目，宣传标语振奋人心。在山顶上，我用手机照下一张照片，照片上红色大字标语格外醒目，写着：乡村振兴，党员先行。标语牌下，果园旁，杨年岐开着一辆小型农用车正要发车，他一脸灿烂的笑容。这就是小苇子村人幸福新生活的写照。

幸福生活是干出来的。吕曰刚说，当初为了修这条路，需要移栽村民2000多棵果树，那可是挂果丰产树，村民的心头肉呀，动员村民挖起果树，那有多难呀！"两委"成员真是磨破了嘴，跑断了腿。开荒山建果园，"两委"成员天天干在一线，都晒成"黑煤球"了。

我注意到从山顶水泥大道下来，沿途果园的果树长得有些差别，山顶上的果树比山脚下长得还好，就问吕书记是啥原因？吕曰刚说，山顶果园都是合作社经营的，过去那是撂荒地。山坡底下有的是村民个体经营的。村里自流水铺设了两条管线，一条是合作社用的，采取的是水肥一体化灌溉，村民自营果园还是常规浇地方法，水里不带肥。我明白了，这就是果园不同栽培管理所造成的差别。吕曰刚又说，将来差别那就更明显了，合作社种出苹果高产优质优价，果园采用了机械化作业，将来经济效益要比村民自己经营高出好几倍。所以，村民会自动申请加入合作社的。我们合作社独创了一种村民土地入社加成法，按照1元为1股，每亩土地以每年100股的股份递增，早入社早受益。有的村民自家果园还处在丰产期，加入果园怕吃亏，但他们以后见到合作社果园的效益后就会后悔的，吃亏的是自己，远不如早加入合作社合算。我问，有的村民不愿加入合作社还有什么原因？吕曰刚说，农村的事很复杂，有的村民进城定居了，不回来了，承包地交给亲友无偿代种了，那些种了别人家的地的人就不想入合作社，因为合作社按土地股份分红，收入要给原承包户的。我问，对这种情况，村党支部是如何考虑的？吕曰刚说，我们的态度是，公不过问私事，那是原承包地户主与现在土地经营者之间的私事，我们不掺和，他们自己去解决。我们签土地流转合同和村民入社申请，是按土地承包证所有者的身份来确定的。我在办公室见过，最近村民递交的入社申请书，那是统一印制的标准格式。也见过土地流转到合作社的合同书，合同书制定得很规范。

我们告别小苇子村时，吕曰刚邀请我们再过两三年来看看，那时候小苇子村党支部领办的合作社年收入要向千万元的目标冲击。三年后我还要来小苇子村看一看。

第六章
组织起来,重建家园

栖霞市亭口镇衣家村党支部带领村民修路(烟台组织部供稿)

群众路线是党的优良传统。组织动员群众，用先进思想武装群众，带领群众向伟大理想而奋斗是中国共产党的一项看家法宝。没有组织的群众就是一盘散沙，一事难成；就是一群羔羊，防治不住豺狼虎豹的侵害。在实施乡村振兴战略的奋斗中，党支部领办合作社组织起来的群众具有排山倒海的力量，重整山河，建设美好家园。

我是2019年10月到南庄村参观的。一座集办公大楼和饭店住宿一体的大楼面向公路建成，南庄村党支部村委会就在这座楼里办公，饭店还没有开业，大楼后就是村庄，一条村道穿过村庄，直达村后一个小山顶。我们穿村而过，村民门前院落里种树栽花，街道整洁干净。随着登山石阶，走了四五百米山路，我们到了山顶。山顶上是一个广场，广场上建了一座凉亭，离凉亭不远处建了一个很大的蓄水池，注满了碧绿的清水。蓄水池下面铺设了管道，自流灌溉山上的果树。从山上往下瞭望，一层层梯田里栽满了黑李子树、樱桃树、苹果树，果树郁郁葱葱，生机盎然，好一派山林果园风光。村党支部书记彭利民以自豪的口吻对我们介绍说，再过两年，这座花果山的水果年产值可达一千万元，好令人羡慕！可谁能想到，十年前，南庄村集体经济是上无片瓦，下无一亩田，村集体连办公场所都没有，只能租借旧民房来用。

南庄村的变化是党支部和村集体换届，新班子上任后开始的。彭利民出任新一届村党支部书记，他以前在外做生意，挣了不少钱，算是一个千万富翁。他不忍心看着村庄破烂下去，不忍心看着村民受穷的光景，就响应镇党委和党员、村民的呼唤，毅然抛下生意，回村担任书记的。彭利民和"两委"一班人召开了党员大会、村民大会，征求大家的意见，大家把憋在肚里多年的话倾吐出来了，村民大会从中午一直开到晚上，最后大家得出了一个一致的认识，过去把集体财产分光吃尽的做法，等于砸锅卖铁，今后南庄村要想发展，就必须先把集体经济搞起来。

要钱没钱，要地没地，集体唯一可用的资源就是村后的这座小山了，党支部决定就拿这座山来创业，打集体经济的底子。开垦荒山没有钱，村干部、共产党员带头集资；没有人，村党支部动员党员齐上阵；购买施工设备、栽种的树苗等方面的资金短缺，彭利民个人先后垫资了200万元。

在党员带头开垦荒山、建梯田、种果树的感召下，村民也纷纷出工，参加义务劳动。经过半年苦干，外运渣土20余万方，开垦出果园用地60亩，村集体有了首批家底。

趁着开垦荒山的成功，村党支部决定，趁热打铁，对山上散葬的362个坟墓全部迁到村西公墓里，腾出土地建果园，这真是一个艰难的攻坚战，"两委"成员和全体党员带头先行，耐心说服动员群众，村民看到了党员真心实干的劲头，感动了。仅用两个月的时间，全村完成了迁坟工作，腾出了80亩地，使小山整个建成了花果园，集体经济的底子更坚实了。

南庄村是一个小村，共有村民270户，753口人，村"两委"成员4人，党员28名，全村共有耕地400亩，其中集体经营土地100亩。

2017年，村党支部发起成立了党支部领办的"魅力南庄"合作社，将集体经济发展带到一个新的快速发展的轨道，实现了跨越式的发展。合作社在股权设计上，重点区分了三种股权类型，① 对土地流转入社的村民，按照每亩3万～3.5万元价格折价入股，将村民自家的樱桃园直接转为集体的樱桃园，实行统一规划、统一改良品种、统一经营。② 对参与集体垦荒劳动的党员、村民，按照投入的劳动量，以每天100元的工资标准，算出应得的工资总额，以劳动工资数额入股，让那些为集体做出贡献的人也享受到合作社的红利。③ 村集体以开荒出来的土地和其他资产折价入股。在收益分配上，从合作社当年盈利中提取10%的公积金。其余实行按股份分红。

合作社社员郭其美说："以前我家种的樱桃都是老品种，产量低、品质差，如果把树砍掉，前三年没有收入。加入合作社后，村里把樱桃树更新换代，统一建立连片大棚。从露天栽培变为温室栽培，果园经济效益成几倍地提高。我在合作社季节性地打工，每天能挣上100元的工资，年底还有股份分红，比过去清闲多了，收入反而更多了。"合作社社员靳世娥说："合作社就是比单家独户干强，别的不说，原来露地种樱桃，1亩樱桃能产2000斤，最好的1斤能卖20元，现在改成大棚，换了品种，上市早、价格高，1斤能卖到60元，1亩地能多挣8万块。合作社还实现包棚管理，社员管理1亩地，上交给合作社2万元，自家能挣6万块，这样的好事过去想也想不到。"

党支部有了合作社这个组织，有了条件争取政府社会各项支农项目资金，2019年已经争取到了700多万元，党支部聘请上海创意公司对全村进行了总体规划，确定了"五福"功能板块和19个文娱建设项目，全面勾画出南庄村田园综合体的发展蓝图。已经建成面积2000平方米的旅游集散中心，改造了面积1万平方米的门市房，集中对外招商，为南庄村未来的发展又增添了厚实的家底。

2018年和2019年,南庄村连续两年举办了大樱桃节。樱桃节办的空前红火热闹,合作社卖出了自产樱桃等农产品,村民挣到旅游业收入,扩大了南庄村的影响力。

彭利民总结南庄村的发展历程,感慨地说:"党员干部要干给群众看,领着群众干。我们没有多大的本事,就是有一颗为自己村里干点事的初心,用自己的一腔热血来干事业。党支部把广大党员动员了起来、把广大群众凝聚起来,我们的力量就永远用不完,就有股使不完的劲。党支部领办合作社就是让大伙都能参与、全村人都能受益的路,这是一条实现乡村振兴的正确道路。"

到海阳市二十里店镇邵伯村参观也是在2019年10月,该村给我留下深刻印象是品尝到一种新品种水果——软枣猕猴桃。这种桃子甜酸可口,糯香回味,风味独特,是猕猴桃家族中的新成员,它不是传统的圆形果实,而是长条枣状,果皮也没有那么多的毛毛,印象中洗一洗就可食用,不用剥皮。村党支部书记宋立元给我们介绍,他带领党支部成员跑了浙江、江苏、华北、东北等很多个地方,才选中了软枣猕猴桃这个新品种。山东农民就是有气魄、有眼光,为了选择一个果树种植项目,竟然跑了多个省市来考察论证。软枣猕猴桃在市场可以卖到每斤100元,而邵伯村这座山有耕地面积1300多亩,主栽的就是软枣猕猴桃,算一算,几年后这座山林的产值就达到了三四千万元,这个村人可真要富裕了。

可接下来了解到的情况,更让我惊讶,这座山过去只能给村集体带来6000元的收入,山上曾住有4户村民,种植着100多亩土地,后来家也搬走了,地也早撂荒了。这座山发生了翻天覆地的变化是因为，2019年村党支部领办了邵伯村果蔬种植专业合作社，党组织把农民组织了起来，具有了重整山河再建家园的力量。

邵伯村人向来有气魄，在20世纪70年代学大寨时期，当时的老支书宋奎带领村民在九顶莲花山开山修路建梯田，种上了一山板栗、核桃，养活了一村人。可是过了四十年，板栗、核桃树老化到龄了，个体农户没有力量更新换代新树种，加上板栗销路又不好，板栗林也就荒废了。曾经的花果园又变成了荒山。

宋立元2018年参加了烟台市委组织部在浙江大学举办的党支部领办合作社专修班，思想观念有了一个大突破，过去村党支部书记带领群众大干苦干，能将荒山变成养活全村人的靠山。在新的时期，党支部团结起全村人一样可以把荒废的山建设成绿水青山、金山银山。

2019年1月，邵伯村党支部领办的合作社成立了。宋立元这个新时期的党支部书记不光有大干苦干的精神，而且有着市场经营理念。他说，要想将荒山建设成现代化的果园，光靠苦干是远远不够的，资金技术是十分关键的因素。本村缺乏资金技术，那就引进资金和技术来共同干吧。经过村"两委"班子开会反复讨论研究，充分征求全村党员和村民的意见。合作社决定与当地苗木公司联姻合作，由公司投资600万元用于购买苗木和园区建设，并提供种植技术指导和优质肥料。公司占股51%，村集体以土地和上级扶持资金入股，占股15%，全村村民占股34%，这是干股，村民不需出一分钱，以户为单位参与分红，实现了全民入社，家家有股份。解决了合作社缺乏资金、先进技术和市场营销渠道的难题，实现了合作社与公司的优势互补、强强联合。合作社与公司联姻的日常管理运作,由合作社负责,也消除了一些村民怕被公司"吃掉"的担心。公司老总能把合资企业交给合作社来打理,也是佩服放心这些共产党基层干部,认为他们都是一些不谋私利一心干事的人。

九顶莲花山一天一变样,现代化山林果园生机勃勃,果花飘香,招蜂引蝶。没过两月又是累累果实压弯了枝头。这是全村人致富的希望,村干部和社员天天劳动在山林里。社员平时劳动挣的是工资,每天100元,常年干活儿的人,一年可以挣到3万元。一些外出的村民也回来了,他们说,在家打工有多好。预计,到了2021年,果园进入丰产期,每年收入能达到4000万元,村集体能增加收入500万元。

集体有钱了,村容村貌有了大的改观,该村有一株500多年的流苏古树,每年开花时,前来观赏的人很多,党支部抓住这一独特的景观,决定上马乡村旅游项目,聘请了济南大学量身打造旅游规划,又一个新产业在邵伯村起步了。村民的生活也有了大的改善和提高,村集体出钱建了乡村大食堂,为村里80岁以上的老人、贫困户、五保户免费提供一日三餐。村民赞扬说:支部领办合作社,手握金树摇金钱。小康路上跟党走,日子一步一层天。

福山区张格庄镇东风村也是开山建果园起家的。村党支部书记张启军去过浙江滕头村、山东省临沂的代村,看到人家搞集体经济过上了欣欣向荣的好日子,心里很羡慕。同时学习滕头村、代村经验,走集体化道路,将东风村建设成美好的新农村的念头,在他心里越来越强烈。张启军与"两委"一班人说,我就认准了集体经济的路子。我们要想富起来,过上滕头村、代村那样的好日子，就必须像他们一样干起来。2015年5月，村党支部领办成立了果蔬专业合作社。

东风村位于银湖生态区内，环境虽然优美，可耕地资源贫乏，是一个空壳村。村里北坡是一座荒山，那是东风村唯一可开发的资源。为了给村集体找一条出路，只能向荒山开战，没有条件，创造条件也要上。

东风村党支部和村集体通过反复讨论研究，形成了一愿景、两本账、三步走的发展思路。即：一个全村致富的愿景；算清楚，若不成立合作社怎么发展的账和成立合作社迅猛发展的账；第一步建设示范园区，第二步发展采摘游、苗木销售等多种经营模式，第三步建立100亩的三个示范园联动发展。

党支部能动员起党员和村民一起干，美好的规划才能变成现实，否则就是一个美丽的肥皂泡。"两委"成员和有觉悟的党员唱独角戏，喊破嗓子戏也唱不好。发动村民、说服群众加入合作社，这是一个艰难的工作，党支部迎难而上，开会动员，一家一户登门动员，干部党员分片包干动员，办法想尽了，大家鞋底子磨破了，嘴巴说干了，效果也出来了。共有60多户种植大户和党员群众加入了合作社，入社资金凑齐了60万元，加上上级政府40万元扶持资金，东风村党支部领办的合作社大干了100天，出动机械500余次，人工近2000人次，5000方荒山土石被清理出去了，新运上山的1000方高质量土壤和肥料被填充平整完毕，改造出30亩樱桃园。

合作社愚公移山的气概打动了村民、感动了村民，这些共产党员是真心舍命要干大事、干好事，村民也不甘落后，不到两个月时间，全村164户全部加入了合作社。合作社约定，每股股金

700元，村集体以30亩土地，每亩按3万元折价，共折价90万元入股，164户村民以35万元资金入股，集体占股72%，村民占股28%。合作社盈利后，扣除当年生产成本，提取公积金和公益金后，盈余部分，按股份分红。

目前，东风村已经建成集体示范园3处，总面积100亩，占全村山林耕地面积的四分之一，全是合作社开荒得来的。地里种的都是三年树龄的丰产樱桃，今年开始挂果，明年就能见到效益。在果园管理上，也不吃"大锅饭"，合作社将樱桃园划分成10个党员责任田，每块责任田，由一个党员、一个社员共同管理，负责樱桃园的施肥浇水防虫等劳动，定额定量劳动管理，每个工按120元折价入股，年底根据效益领取分红。合作社财务管理委托给镇政府经管站代为打理。合作社还为果园入了保险，预防自然风险和市场风险。

2018年以来，合作社累计盈收80万元，村民年人均增收3000元，今年樱桃园进入收获期，东风村的村民好日子开始了。村民高兴地说，跟着支部走，发展有奔头。

第七章
因地制宜，多样化的模式

蓬莱市英各庄合作社鸿韵喜庆用品有限公司（蓬莱市组织部供稿）

有的地方，农业已经不是当地主产业了，发展致富各有门路。下面介绍几例党支部带领的合作社因地制宜、创新发展，多样化特色产业的发展模式。

蓬莱市英格庄是一个小山村，完全靠天吃饭，人均收入不到5000元。

村党支部书记张富春，44岁，2017年担任村党支部书记兼主任。村里农业生产资源贫乏，没有发展后劲，他们就另辟蹊径，搞起了红灯笼制作，开创了适合自己村的发展路子来。

2019年，成立了村党支部领办合作社，因为合作社不搞农业生产，因此起名为蓬莱市鸿韵喜庆用品有限公司，以公司经营形式来办合作社。

该村有扎灯笼的传统习惯，村里的老人多有扎灯笼的手艺，但用民间手艺来搞现代灯笼产业是远远不够的，张富春就带领公司的技术人员三次北上宫灯之乡河北省藁城取经学习。集体没有钱，张富春自掏腰包交了5600元学费，学习扎灯笼的技术。学了一段时间，大家越学心里越发慌，因为扎灯笼工艺很复杂，不是几天就能学会的。张富春几经打听，找到了藁城宫灯协会会长白会平，说我们是一个贫困村，我们来学习扎灯笼技术，不是个人致富，而是要党支部带领全村人走向共同富裕路。白会平也是一个古道热肠的人，热心公益事业，在白会长的帮助下，英格庄从藁城请来了灯笼制作的老师傅。

英格庄争取到市政府扶助资金50万元，村集体以上级政府扶持资金25万元和集体资产入股公司，占股90%。村民以现金入股，占股10%。每股金额500元，共积股1423股。在分配方式上，公司每年提取收益的10%作为公积金，用于扩大再生产。

提取收益的10%作为公益金,用于人员培训、困难救助等公益事业,其余部分按股份分红。

英格庄扎灯笼车间有13名固定的工人,村里还组建了50多人的安装灯笼队伍,红灯笼很快打开了市场,附近的风景区和企事业单位都来订购红灯笼。村民通过扎灯笼打工挣到了钱,村集体也增加了收入,公司股民分到了红。2019年村集体增收6万多元,2020年春节期间,为两个旅游区安装所购买的灯笼,又挣回了10万元。

如今英格庄大街上悬挂着一排排各式各样的红灯笼,一派喜庆吉祥的红火气氛。目前,英格庄党支部村集体一班人又开始了产业布局,制定了个性化发展思路,他们准备将民俗文化与喜庆用品制作相结合,打造民俗文化馆,最近已经与一家旅游公司签订了合同,成立合资公司。村集体投资25万元入股,将外出村民的27套住房转租过来,打造成民宿项目,通过举办农家宴、组织灯笼等传统工艺学习制作体验游、亲子游,体验农耕文化、传统文化,向乡村旅游业方向发展。

莱州市文峰路街道田家村是一个小山村,有206户,730人,党员33名。田家村盛产小米,"田家村小米"号称是古代君王的贡品,享誉烟台市。该村土壤含有麦饭石成分,种植的谷子地方品种品质优异独特,生产的小米口感润、糯、滑。熬好的米粥,上面浮着一层厚厚的黏稠的米油,香气扑鼻。但是由于家庭种植经营,村里所生产的小米没有规模和品牌,徒有历史虚名,市场难见其踪影,多年来,村里人守着小米金招牌,过着穷日子。

2018年6月,田家村党支部领办合作社成立了,起名为金丰农业专业合作社，120户489名村民入社，除去外出定居的村民，在村村民入社率达到67%。村集体占股66%，村民股占34%。2020年初，村民入社率提高到80%。合作社注册了"天福山"商标，主打优质小米，对小米实行统一品种、统一技术、统一防治病虫害、统一技术指导、统一销售的五个统一的管理方式，解决了小米参差不齐的质量问题，这是创市场品牌，打开市场销售渠道基础性的工作。

为了进一步扩展市场，合作社对小米进行深加工开发，推出了小米挂面、小米黄酒、小米白酒、小米粥油精华、小米速食粥等系列产品，实行产供销一体化经营。同时，合作社注册了"大美田家"公众号，开通了"田家农场"网上商城，开启了线上销售模式。

2018年，田家村小米销售价格提高到每斤12～14元，合作社创收3万元，帮助村民增收40多万元。2019年，合作社实现收入12.6万元，比2018年翻了4倍。村民每股（100元）分红21.6元。

田家村小米出名了，带动起田家村的乡村旅游发展，合作社每年举办三月三民俗文化节、小米丰收节、桑葚美食节、槐花节、桃花节等旅游文化节，还与附近中小学校签约建立了学生课外培训基地、小红军影视剧社等，借助旅游带来的人流，小米系列产品成为畅销货，村民腰包也鼓起来了。如今田家村呈现出一派民富村美、生态宜居的美丽家园新气象。

党支部领办合作社，托起了田家村乡村振兴的时代梦想。淳朴的田家人坚持"团结、知恩、担当、创新"的"田家精神"，本着"组织有引领、集体有收益、社员得实惠"的合作社经营理念，迈出了田家村精神文明建设、集体经济壮大、一二三产合理布局的第一步。

贫困的地区，穷则思变，抱团发展，组织合作社是其出路。合作社在富裕的地方是否合适搞呢？莱州市金仓街道仓南村为我们提供了一个很好的案例。

仓南村是一个沿海的村庄，有着优越的海上滩涂养殖资源，不少村民靠养殖海参发了家，村集体也靠着向外出租100多亩养殖池积攒下了家底。但村集体和村民缺少利益联结，村民之间也是各顾各，集体观念淡薄，村里缺乏内生动力，海参养殖业也是在低水平上进行，质量上不去，价格更上不去，仓南村躺在老本上吃饭，迟早是要掉队的。

村党支部书记安子平居安思危，他看到市里不少村子党支部领办合作社搞得很好，就召开了支部会、村集体开会研究，仓南村也要跟上形势，开创一个新局面。经过一番讨论，党支部决定建立合作社，壮大集体经济，带领村民走共同致富的路。

2019年，仓南村党支部领办合作社正式成立，村集体将养殖池扩展到152亩，折价136.8万元，入股合作社，占合作社股份的51%。村民自愿入股46万元，村集体拿出集体资产86万元，给全村村民每人入了一股，每股股金是500元。

合作社在养殖池管理上，实行能人经济，聘用作风端正的好人、养殖技术的能人、经营管理的明白人担任养殖场的管理人员，制定了《幸福仓南水产养殖专业合作社生产管理制度》，实行规范化科学养殖。为了确保安全生产，合作社又安装了23个监控探头，做到养殖范围全覆盖。同时注册了"幸福仓南"商标，致力打造优质海参品牌。

2019年年终结算，合作社的海参产量从最初预估1.5万斤跃升到2万斤，总收益接近150万元。扣除20%的公积金后，村民分红52.82万元，村集体分红54.72万元，收益率高达40%。有很多村民后悔没有多入股。

为了拉长海参生产的产业链，向海参产品深加工进军，合作社引进了海参加工生产线，生产加工即食海参、冻干海参、淡干海参、海参礼品盒，既可提高海参附加值，还能摆脱海参销售淡季，解决海鲜产品销售不及时带来的亏损问题。同时，聘请专业的电商运营团队，开展网上销售，扩大"幸福仓南"品牌的影响力。

仓南村党支部领办的合作社还有更多的梦想，规划依托莱州滨海生态省级旅游度假区的资源，打造渔家宴等旅游项目，让合作社真正成为仓南村的幸福名片。

第八章
联合起来,壮大发展

栖霞市庙后镇联合合作社(烟台市组织部供稿)

烟台市行政村一般规模不大，如今要搞现代化农业生产时就显得规模有点小，农产品在市场上难以以品牌形式进入市场，因此，合作社走向联合社势在必行。

栖霞市庙后镇地处丘陵山区，村庄都在山沟里，搞工业没有主干道，搞畜牧业处于水保防护地，也不允许发展。但这里是大樱桃主产区，2万户人家种植着1万5千亩樱桃，樱桃产量占据全市第一位。2019年2月，刘文全调来镇党委担任书记。刘文全是从村党支部书记考录为公务员的，是一个实干家。我们车在往庙后镇行驶的半道中，市委组织部的一个同志给他打电话，说我要采访他，他说正在去合作社的基地上，那就在基地上见面吧。

刘文全是一个纯朴实在的人，他热情欢迎我们的到来，但他忙得不可开交，顾不上与我们多说话，不断与村干部和干活儿的村民了解情况，指示工作，看样子他精通果业栽培技术，啥都懂，是一个善于发现问题，工作有思路、有想法的人。大棚外有工人拆卸安装机器，刘文全告诉我，这是刚买回来的樱桃选择机器，樱桃通过机选，可以分出质量等级来包装，这样就可以实现优质优价的销售。在大连市场上，优质樱桃最高可以卖到每斤300元，我们烟台种植樱桃，气候环境条件比大连都优越，种出的樱桃质量应该更好，樱桃产业的发展关键在于质量的提升。我听了咋舌，每斤樱桃能卖到300元，樱桃市场空间该有多大呀。

这个大棚基地建在一个山沟出口处，算是山沟里的一块开阔地。一排温室大棚，里面种的多是樱桃树，樱桃已经采摘完了，有几棵树上还有樱桃挂着，我随手摘了几颗，品尝了一下，酸甜可口，味道不错。刘文全得意地说，我们大棚今年产下的樱桃，卖出了好价钱，每斤六七十元，我们镇的樱桃是烟台市的正宗产地，名扬全省。

我感觉到这处大棚与其他地方不太一样，里面种植的果树品种多，花样也多，大棚侧面场地开阔，就像一个长条停车场一样，别的村里的大棚不是这种建造法，浪费土地。刘文全笑着说，你的感觉是对的，我们的大棚不仅是樱桃生产基地，而且是上级科研单位的试验田，是展示樱桃等果树新品种、新技术的示范窗口，还是对全镇合作社和村民进行观摩教学的场所。我们每年邀请专家为村民讲课，组织村干部和村民现场参观教学从外地引进的大樱桃新品种和栽培新技术。我们还通过这个基地平台窗口，联合国内樱桃销售巨头和电子商务领军企业，共同制定和发布大樱桃生产全过程质量标准体系和电子商务质量标准体系，指导村民标准化管理果园，实现从地头到餐桌的全程追溯，把控质量，扩大庙后镇大樱桃品牌影响力。一个山村小镇，却有着宏大的气魄、周密的规划，令我叹服。

刘文全对我说，我调来庙后镇发现，这里是丘陵山区，地无三尺平，不适合搞土地连片规模化种植，发展合作社先天条件不足，但我认为党支部领办合作社是一个好办法，是乡村振兴的必选出路，必须做。怎么做呢？我们就因地制宜，想出了一个各村出资入股，组建党支部领办联合社的办法。我们采取"党组织＋合作联社＋公司"模式，联合25个村级党支部领办合作社，成立了丰卓果业联合社。各个村党支部是团体会员，以本村的土地、资产入股，股份多少，各村不一，自愿入股。村民以土地和现金入股，财政扶持资金捆绑使用，在地势相对平坦的前罗坡村建设成100亩高品质智慧化樱桃示范园，构建起"1＋N"区域发展格局，实现了"一带多""大带小""强带弱"的共同发展目标。

联合社100亩果园建成后，委托给龙头果品公司打理，日常管理开支和果品销售由龙头公司做主，联合社不承担风险责任。这样的设置机制，是为了确保社员和集体利益最大化。

联合社园地固定资产1000万元，由村民土地入股、上级财政扶持、各村合作社现金入股构成。各村涉及2200户加入合作社的村民。分配方法是：土地入股的社员每亩地每年给予价值800斤小麦的价格的基本保障金，前三年按每亩500元递增，即入社第一年500元，第二年1000元，第三年1500元，第四年合作社果树进入丰产期后，固定收益直接增加至2500元。以资金和劳动力入股的社员，前三年每年按入股资金的10%给予固定收益，第四年合作社果树进入丰产期后增加至12%，再根据果园收入情况进行二次分红。第四年后，联合社分走龙头企业纯利润的20%。镇党委派出专人，监管公司的财务。

2020年5月24日，传来庙后镇丰卓果业联合社分红的消息，在举办的分红仪式现场，发放分红资金50万元，惠及27个村、2200余户社员。其中前罗坡村，64户以土地入股的社员依次在分红发放清单上填上名字、摁上手印后，领到了属于自己的合作社股份分红，笑得合不拢嘴。"真金白银"实实在在地分到社员手中，向老百姓展示了合作联社的良好发展前景，更加坚定了老百姓踏踏实实跟党走的信心！

蓬莱市北沟镇镇党委组织委员金新城和副镇长毕源良也为我们介绍了一个联合社。这个联合社叫蔚阳河农民种植专业合作社联合社，是由7个村联合成立的。这7个村党支部同属于融合发展区党总支部,党总支部书记为张宏铭。

张宏铭同时兼任下属两铭村党支部书记。村党支部领办的铭丰种植合作社,做得不错,将470亩山堠地变成了水浇地,建设了两个2500平方米集观光、休闲、采摘、销售于一体的果蔬大棚,种植草莓、黄瓜、西红柿、菜豆等果蔬。果蔬采摘后,线上利用北沟镇电子商务平台,线下对接超市、企业等客户及自助采摘等方式,全面拓宽销售渠道,每年可实现销售30万元。全村道路硬化,村庄绿化,三季花开,四季常绿,架设了太阳能自动感应灯95盏,被评为蓬莱市美丽乡村,成为一处民宿休闲旅游胜地。

2019年,由两铭村党支部牵头,吸收其他6个村党支部领办的合作社加入,各村入股资金390万元,每股1000元,股份全是7个村的,没有外来股金,注册成立了联合社。联合社自己经营,坚持党建联抓、文化联兴、村庄联建、发展联谋的"四联"机制,7个村抱团发展,党总支带领村民走共同富裕道路。

众人拾柴火焰高,党总支领办的联合社在蔚阳河党群中心北邻流转了60余亩土地,高标准规划建设了21个果蔬大棚,种植釜山88圣女果、厚田1号网纹瓜、白玉黄瓜、红宝草莓、美早樱桃、葡萄等名优果品。2020年在新冠肺炎病毒疫情防控期间,所生产的果蔬产品全部销售一空,市场行情看好。按照联合社章程规定,联合社获得收益后,提留盈余的40%作为公积金和公益金,用于联合社的技术培训和扩大生产经营,提高持续发展能力。剩余60%,由各村合作社按照出资比例进行分红。

一枝独秀带动周围百花齐放,抱团发展,凝聚成了聚势崛起的强大合力。这个联合社基地已经发展成了一个农业观光采摘和乡村农家乐旅游基地了，也是烟台市党校乡村振兴学院的教学点。放眼望去，一排排大棚排列成行，林荫道上人来车往，络绎不绝，党旗立在基地中央，迎风飘扬。

第九章
一个统分结合管理的好案例

招远市金岭镇大户陈家村党委领办合作社（烟台市组织部供稿）

现代化农业生产是在土地种植经营规模化基础上进行的，从这个意义上讲，农业规模化越大越便于推广先进栽培技术，提高土地产出率，提高农产品的质量，并便于以规模和品牌进入市场，在市场竞争中能够处于强势地位。各国农业发展进程，也证明就是这样的一个发展趋势：如今，在全世界范围内，家庭式小农户多数处于破产边缘，土地出卖了，流转了，或者是撂荒了；小农场被大农场兼并了。日本、韩国小农合作社搞得不错，但他们的产品在国际市场上没多大竞争力，需要本国政府采取特殊政策措施来保护，严格限制外国农产品进口。如果一旦放开限制进口，本国农业就会因竞争而倒下去。

也不是说，农业生产规模越大就能搞得越好，我国人民公社就是一个案例。虽然，不可否认，人民公社取得了历史性的伟大成就。但过分追求"一大二公"，吃"大锅饭"，加上官僚主义严重，不尊重科学规律等原因，在多数地方没有搞好，不得不实行包产到户的改革。

党中央对农村改革原本设计是统分相结合的制度，但几十年下来，在家庭经营的基础上，统的作用很难发挥，最后导致在家庭分散经营上也遇到越来越多的问题，到了再不改革难以进行下去的地步了。

我欣喜地看到烟台市招远市金岭镇大户陈家村，通过村党委领办大户庄园合作社，找到了一个农村土地采用统分结合的好管理办法。

大户陈家村党委书记陈松海已任村书记36年，他在村民中很有威信，见识高。他认为乡村振兴，主体是农民，受益者也是农民，必须让农民唱主角。要防止外来资本"跑马圈地"，就得把一家一户的小农生产组织起来,在合作社这个平台上实现产业经营。

2013年,由大户陈家村党委领办的大户庄园农业专业合作社成立了。合作社计划先以发展农业起步,对土地集中流转,整合闲散土地,再通过自营和对外分包给小农场主经营的方式,实现土地增值、农民增收的目的。

合作社经营模式是:党支部领办合作社、专业人才分包经营、庄园统一运营、入股分红的集体经济。股金设计安排是:村民以2000元现金或1亩土地为1股。周边贫困村以村集体的荒山荒坡,作为股份入股合作社,按照每年每亩200~600元的收益进行分红。村集体企业首先拿出51万元,村集体拿出20万元入股,村"两委"成员无条件地第一批入社,党员带头入社。就这样,从2014年流转土地600亩,到2016年流转土地1200亩,直到2020年大户陈家村及周边村12000亩土地全部成片流转到合作社。合作社把土地、资金、劳动力等整合在一起,带领村民握成一个拳头,聚集力量共同奔小康。

大户陈家村合作社12000亩面积的经营规模具体运作方式怎么搞呢?

第一步,合作社对于入社流转回来的土地,统一进行现代化农业设施改造,庄园区间道路全部硬化,抽沙压土改良土壤,引进以色列农业"物联网"技术,实行水肥一体滴灌,引进种植矮砧苹果、葡萄、大樱桃、猕猴桃等多个优质高产品种,提高土地产出效益。

第二步,发包经营,吸收乡土人才参加,在合作社统一领导下的农场主负责制。根据山势和地力不同,将流转来的土地规划成种植片区，发包给懂技术、善管理的乡土人才。乡土人才自承包合同签订之日起，与合作社风险共担、利益共享，按照合作社统一标准和要求进行田间管理。

合作社先后吸收培养了一百多名小农场主。合作社为他们提供保姆式的服务，提供统一田间管理的技术标准和要求，统一聘请专家到田间地头，手把手传授耕作栽培技术。矮砧苹果项目，由高级研究员、享受国务院特殊津贴的烟台果茶站站长马德功指导；有机葡萄种植项目，由烟台农科院葡萄研究所所长唐美玲博士全程提供技术指导；同时，委托中科院研发大户庄园安全农业云系统，实现全天绿色生产、全过程质量追溯，农产品通过了国家绿色食品认证。

园区滴灌系统，每当土壤温湿度达不到指定数值，机器就会自动提醒，管理人员开启系统电磁阀，相对应灌溉区控制系统启动灌溉模式，便可以精准浇地施肥。

第三步，为小农场主提供纵深服务，延伸农产品产业链条。合作社投资建成2000吨冷风库一座，300吨粮食加工生产线一条，既有效地解决了社员农产品储存、销售难题，还可以分享到加工环节的收益。合作社用上了由中国科学院研发的大户庄园安全农业云系统，全国各地用户可以通过电脑、手机上的视频追溯苹果、葡萄种植管理的全过程。过去大户陈家村村民种出的葡萄，只能卖出几元十几元的价格，如今高端优质葡萄能卖到几十元甚至上百元的价格。合作社成立后，果品质量大幅度提升，有了市场良好信誉，打开了销售渠道，市场行情逐年看涨。

2019年，合作社销售收入6500万元，一期投资打造的片区每亩收益5000～10000元，周边村仅土地流转租金收入就达

300多万元。以每亩800元的价格累计流转87户贫困户土地324.5亩，贫困户增加收入25万多元。为周边13个村1000多家农户提供了就业岗位，人均年增收2万多元。

一个合作社带富了千家小农户，让一百多个小农场主发了大财，使大户陈家村繁荣兴旺了起来，发展进入了快车道。2018年，村党委和村集体又集中开发了金水湾、汪家沟、陈家岭3个核心旅游板块，连续3年举办"南海林苑·大户庄园葡萄文化节"，采摘式农业、体验式农业、节会农业等观光农业搞得有声有色。将自然资源、游乐设施、传统民俗有机融合，形成了农业＋旅游＋文化的发展格局。大户陈家村先后荣获了全国农业物联网示范基地、国家3A级旅游景区、山东省五星级好客人家农家乐等称号，实现了多元式、叠加式、倍增式的发展。

通过村党委领办合作社，大户陈家村只用了几年功夫，旧貌换新颜，建成了一个朝气勃勃、欣欣向荣、美丽富饶的新农村。

第十章
解决撂荒地的成功尝试

蓬莱市冶王村（智广俊摄影）

我国农村有一个触目惊心的现象，那就是土地撂荒。从南到北，哪里都有撂荒地，华北西北贫困地区尤其严重，那里的撂荒地约占总耕地的三分之一，不少山村已经整村废弃了。这种撂荒地现象在我国历史上也是极为罕见的。我国仅有18亿亩耕地，人均只有一亩多地，本来人多地少就是我国的基本国情，土地还要撂荒，这真是说不过去。与此相关的是，据海关统计，2017年，我国粮食进口量13062万吨，同比增长13.9%，其中大豆进口955万吨，稻米进口43万吨，小麦进口21万吨，玉米进口45万吨。大豆、稻米进口数量占据全世界第一位。我国人均进口粮食达到了200斤。农业处于这样的一种状况，一旦遇到大的自然灾害，国外卡死我国进口粮的渠道，这真是要命的事。

为什么会出现土地撂荒呢？问题就在于我们土地管理使用体制上出了问题。我国眼下农村土地实行的是"三权分离"制度：村集体拥有土地所有权，农民有承包权，土地经营者拥有流转土地使用权。土地由集体分给农户承包种植，在北方地区平均每户承包地面积只有十几亩，还不是整块地种，一般每家承包地要分成五六块。南方农户承包地面积更少。土地分割的如此支离破碎，可以说是古今中外都没有见过的。这是一种低水平的生产方式，与农业现代化规模种植发展方向背道而驰，违反了科学原理。造成了我国农业实现现代化的困难，造成了我国粮食生产成本的提高，所生产的农产品缺乏国际竞争力。买国外进口粮比我国自己生产粮食便宜，质量也更有保证。我国一家一户生产的粮食，政府难以对其进行安全卫生监测，因为检测成本过高，根本就管不过来。就拿一件小事来说，农民使用装完化肥的包装袋来存放粮食是常能见到的现象，从食品卫生角度来讲，这是根本不允许的，可现在谁又能管得了呢？生产粮食成本高，粮价又低，农民种地就没有了积极性，土地撂荒现象自然就产生了。

党中央推行包产到户改革时，当初的设计是，以包产到户为基础的土地集体和农户双层经营体制。可是后来在执行过程中，把统的功能放到一边去，虚化弱化了村组织对土地的管理监督的权利。村委会对土地承包户的撂荒地行为根本管不了，各级政府也管不了，这就造成撂荒地长期存在却无法改变的局面。

值得欣喜的是，我在烟台市看到党支部领办合作社较好地解决了撂荒地问题。村民把土地交到合作社，以土地入股合作社，可以得到土地股份分红，或者把土地流转给合作社，每年有稳定的流转费，哪里还有土地撂荒的道理？也许有人会说，烟台农业种植的是高价值的果树，同时吸引来了外来资本的投入，其他地方想学也学不来。这话说得有道理。在种植常规作物的地区、土地产出效益不高的地区确实是照搬不来烟台经验的。但是，我在烟台发现了一个种植常规作物为主的村，建立了党支部领办的农机合作社，以合作社的方式解决了撂荒地的问题。现介绍给大家。

我们走进了蓬莱市冶王村，村口立着一个党旗造型的雕塑，上面有红底金黄色大写字体：冶王村司令合作社；边上较小的字体写着：党支部领办合作社。真是气势逼人。

走进村集体，这是一个农机大院，院里停放着各种农用车辆和农机具，正房是一溜办公平房，东边厢房也是农机车库。党支部书记王锦田接待我们，这是一个膀阔腰圆的山东大汉，50多岁。王锦田告诉我们。冶王村181户，480口人，种植着1200亩土地。这是一个省级贫困村，建卡贫困户有9户16人。种地不来钱，有的村民把土地撂下就走了，村里留下的多是六七十岁的老人，白给土地，他们也种不来，于是村里就出现了大量撂荒地，真是暴殄天物，可党支部看着心疼也没有办法解决。这时扶贫帮扶企业嘉信染业公司进村了。公司经理叫张善生，是烟台市本土企业家，博士生导师，兼任烟台市工商联副主席。他很有水平，更有爱心，他觉得村里没有劳动力，只有靠机械化来解决了。他所在的公司赞助了村里80万元，购买了全套各种农机具。村里成立了党支部领办的农机合作社，在村的人都入了股，每股10元股金，全村共入股680股。股金没多少，重要的是吸收全村人参加，让大家有一个参与感。以合作社来管理这批农机具，服务周边1000多亩土地。外出村民把120亩撂荒地也交给了合作社打理，村集体自身还有60亩地。王锦田说，现在我们村里已经没有撂荒地了。我问，村民把撂荒地交给合作社，合作社怎么给他们流转费的呢？他说，这不是土地流转，而是村民把土地交给合作社来代管托管，要不，几年地不种，地就荒废了。如今种地不挣钱甚至赔钱，合作社哪有钱给他们。也许以后土地上能挣钱了，我们再给托管费。

我问起种地的成本。王锦田给我大致算了一下种地投资账。光种地雇用农机费用，每亩地种玉米270元，种地瓜270元，种花生320元，种小麦230元，且不说化肥、种子、农药费、水费，以及其他人工费用。我大体估算了一下，种常规作物得利确实是微乎其微的，难怪农民要把土地撂荒。

我说，唉，种地没效益，你们合作社为啥还要干？王锦田说，效果还是有的，首先解决了村里的撂荒地问题，这对整个社会是有意义的事，中国人不种地靠进口粮来养活，总不是一个事吧。我们不成立农机合作社，村里和周边村的撂荒地还要扩大。其二，合作社把撂荒地集中起来种植，平时雇用合作社的社员或村民干活，每天干8小时，工资是80～120元，合作社虽然收益不多，但村民挣到钱，那可是实实在在的事。到合作社干两三天，比自己种1亩地全年收益还多。后来我们出了办公室，与在合作社地瓜秧大棚里干活的村民聊了聊，确实是这样，这几个干活的农妇，年龄都在七十四五岁了，她们劳动一天能有八九十元收入，很满意。她们这个年龄去哪能挣到这么多的工钱呢？其三，合作社多多少少也挣到了一点钱，连续两年按入股村民股金金额的10%进行分红，合作社去年也收入了10万元，甩掉了集体收入空白村的帽子。

去年冬天，张善生的公司又赞助了冶王村30万元，上马了烤地瓜干机器，建了冷库和地瓜储存地窖。我们参观了车间，品尝了烤出的地瓜干，味道好极了。冶王村搞的合作社，已经尝到了甜头，村干部和村民都树立起了信心，他们已经在脱贫致富路上起步了，一步更比一步走得好。

冶王村党支部通过成立农机合作社来解决撂荒地的办法值得各地参考学习。

第十一章
贫困户脱贫和农民养老问题的探索

栖霞市官道镇合作社分红现场（烟台市组织部供稿）

目前，农村存在两大问题：一个是贫困户脱贫的问题；另一个是农民养老的问题，这两个问题密切相关。要想实现乡村振兴战略，使农村长治久安，就应该有一个制度上的安排，来解决以上两大问题。政府派出大批扶贫队伍下农村帮助贫困户进行脱贫，成本太高，且效果难以巩固。村庄唤醒内生动力，农业生产方式有所改变，农村产业有所提升发展，村党支部和村集体能够有效地治理村庄，农村才有希望，解决贫困户脱贫和农民养老问题也就迎刃而解了。

烟台市通过党支部领办合作社的方式，把农民组织了起来，把土地整合了起来，提升了苹果产业发展水平，生产出优质优价的果品，提高了土地的产出效益，农民也跟着受益了。

现在果园虽然基本实现了机械化耕作，但有些环节还需要人工去干，比如烟台种苹果，为了提升苹果的质量，结果期要采取套袋措施，临摘果前十几天再去掉纸袋，让苹果上光上彩。给苹果套袋摘袋、摘苹果、苹果按品质分类等环节还需要大量人工。烟台市农村雇工工资标准为干8小时挣80～120元。做计件工，工钱可以上到200元以上。这就为农村闲散劳力找到了打工就业机会。我在小苇子村调研时，镇党委组织委员纪琳琳给我看了一张她拍的合作社年底兑现村民打工工资款的照片：一个老农手里接过4沓百元人民币，高兴地合不拢嘴。小苇子村的干部告诉我，这个农民叫夏龙清，已经72岁了，老两口在合作社里打工，挣到了3万多元，钱拿到手，高兴地手直哆嗦。他活了70多年，还没有摸过一沓1万元钱，不知那是一种什么感觉，如今一下子拿到4沓钱，能不高兴吗？我们在采访中看到，在合作社里劳动的人，几乎全是六七十岁的老人。老人们在合作社里找到打工挣钱的机会，手里有了钱，生活自然得到了改善和提高。地还是那块地，但合作社采用现代化科学方式种植，比自家种效益高多了，水涨船高，农民也跟着受益。

与打工村民一起聊，有一个老人说，他儿子外出打工，每月能攒下2000元就很不错了，还不如他留在村里到合作社打工挣钱多。农村传统产业焕发了新机，新型产业开始起步，有大学生已经应聘到合作社担任职业经理和农技服务人员，也已经有外出农民工回归，在当地打工就业。农村产业兴旺了，才能留住年轻人，村里有了年轻人，才会有朝气，老年人有了年轻人在村照顾，养老才有了依靠。

农村承包地以户为单位，老人是户主家长，村民把承包地入股合作社，有了比较高的稳定收入，老人去合作社领这笔钱，子女也不好意思去争，老人就可以实现以地养老了，就如城里老人以房养老的模式一样。

村里有了集体经济，村党支部、村集体有了经济实力，有了施展作为的平台，就能够对村里贫困户开展有效的帮扶。比如，西台村合作社定的章程里，就把对贫困户的帮扶和村民的养老列入公益金的使用范围。村党支部已经有了在村里建养老院的规划，入了合作社的社员将来能够免费进入村养老院来养老。东北桥村每到春节和重阳节，就给每个老人发放500元慰问金。北洛汤村已经建了"铭恩食堂"，专为贫困户和村里163名70岁以上老人提供一日三餐，用餐标准为每人每天15元，其中10元由村党支部和其领办的合作社出，个人出5元。海洋市二十里店镇邵伯村，拿出闲置的大仓库，改建为乡村大食堂，为村里的80岁以上不能做饭的老人、贫困户、五保户免费提供一日三餐。对于腿脚不灵便的，由党员义务送饭上门。

牟平区水道镇通海村成立党支部领办的合作社，向5户贫困户每户赠送了1股扶贫股，让贫困户也能享受到合作社的发展成果。

如果村集体不搞合作社，自身没有经济实力，有的连村集体大院都卖了，村干部还靠政府发工资和办公经费，岂能承担起扶贫和村民养老的社会责任呢？

党支部抓经济建设的同时，还抓精神文明建设，村里正气上升了，敬老的传统美德又回归了，儿女对老人赡养的责任心也就提高了。

村党支部和村集体承担起扶贫和村民养老的社会主体责任，农村的扶贫和农民的养老问题就有了解决之道。

第十二章
机关大院里的灯光

签约仪式（烟台市组织部供稿）

我到烟台市采访党支部领办合作社，先去栖霞市，与陪同我采访的栖霞市委组织部李清哲一路聊天，他说，我2016年就专职做合作社工作了，跑遍了市里各个村，常年下乡工作，基本上没有休息日，白天与村干部商量工作，下田与农民聊，做调研，晚上还要加班写材料。我笑着说，有点太夸张了吧？他从手机里调出一张照片，照的是夜晚栖霞市政府大楼，大楼里只有第三层办公室亮着灯光。他说，我们组织部就在三楼办公。党支部领办合作社是一个新生事物，由组织部门牵头来做，农村的事千头万绪，工作忙，烟台市委组织部又抓得紧，组织部的干部晚上加班已经成为一个常态了。中午吃饭时，我问组织部苏健部长关于部里人员加班的事。他说，过去组织部工作按部就班，从事的多是幕后工作，如今，组织部干部冲到了第一线去工作了，特别是党支部领办合作社工作任务大，组织部更要全力以赴。在抗击新冠肺炎疫情期间，村党支部成了前沿堡垒，封村封路做隔离防疫，就靠各村党支部领着党员去干，组织部门能不忙吗？抓红色教育基地和爱国主义基地建设也是由组织部来牵头，其他行业也强调发挥党组织和党员的先锋带头作用，组织部的工作忙就成为一种常态了。

我到蓬莱市采访，陪同我的是蓬莱市委组织部挂职副部长何晶。这个小伙子，只有26岁，还没有成家，出身于甘肃省贫寒农家，从小就能吃苦。工作干练，很有章法，他协助徐忠部长、王伟副部长抓合作社工作，工作做得有声有色，所抓的合作社，因地制宜，形式多样，富有创新精神。听他的同事介绍，他是一个工作狂，根本没有星期日的概念，一有空就往村里跑，让他最难受的是新冠肺炎疫情防控期间，他正好回老家过春节，被封闭隔离了一个月，不能回来工作，差点憋出病来。他也向我展示了一张蓬莱市政府大楼晚上的照片，大楼三层办公室里也是灯光明亮，我信了，该市委组织部也在三层办公。

我到了牟平区是下午两点，区组织部闫耀玉接我直接下村，该同志理论文化素养很高，说话办事很有水平，待人彬彬有礼，对村民和蔼热情，他预先从网上查询了我的资料，把要采访的合作社书面材料早就准备好了。他说话有的放矢，很有深度，与他相处感觉很舒服。他是从一个贫困乡镇调到组织部的，他边开车边与我聊起曾经工作过的那个地方，扶贫工作和建合作社的情况，以至于我打乱了计划行程，要让他陪同，到他曾工作过的乡镇去采访。

第二天，牟平区委组织部又安排了戴永旭陪同我参观了两个村，这个小伙子更有工作经验，更厉害，做事很有条理，采访时遇到地方口音重的人，我听不太清楚时，他总要将对方的话重新复述一遍，但他不是简单的复述，而是把对方说的事加以条理化了，把对方没有清楚表达的意思也总结了出来。他还一边听我与村干部谈话，有时不动声色地插几句，指导村里的工作。他是开自己的新车拉我们下乡的，遇上了下雨，我们脚上沾泥的鞋把车槽蹧得一塌糊涂，特别是当我们了解到这是戴永旭刚买不到一个月的结婚新车时，心里更是过意不去了。戴永旭连连安慰我们，没关系，车就是为人服务的嘛。昨天晚上，闫耀玉拉我们也用的是他自己买的新车，在村路上爆胎了。我也不知组织部是如何安排私车公用的有关报销费用，但起码工作人员下乡开自己的车，这也是一种奉献精神。

牟平区分管基层党建工作的副部长秦虎成，对我下乡调研安排得很周到细致，我向他表示感谢，并夸奖他带队有方，培养出闫耀玉、戴永旭这样优秀的干部，真是强将手下无弱兵。

我与秦虎成说起在栖霞市和蓬莱市看到的政府大楼灯光的照片。秦虎成说，政府大楼灯光的事，其实原版就出在牟平区。有一个姓王的家电公司老板，已经70多岁了，与政府大院里的人很熟悉，每天晚上路过政府大楼，总能看到组织部办公楼层灯光亮着。有一天，已经11点钟了，刚下过大雨，他回家路上看到组织部房间灯光还亮着，特意停下车，拍照下来。回头给单位员工讲话时说，组织部当干部的没有加班费，晚上常常加班到11点多钟，当公务员都这样不容易，大家要珍惜自己的工作岗位。王老板认识我，他亲口对我讲了这个事。这几年，组织部的工作多，各市区都一样的忙，一样的加班，我有时写材料晚了，也在办公室沙发过夜。于是组织部的灯光照片就流转开了。

调研期间，我作为一个搞农技出身的人，总喜欢向人请教苹果栽培技术，可总是不得要领。栖霞市委组织部副部长林京广笑着让我加他的QQ，说他总结了苹果栽培的各个过程的技术要点。我打开了林京广的QQ空间，见到他写的果园杂记，分别是：挡树盆、刮树皮、剪枝、授粉、疏果、打药、环剥、拉枝、割芽、套袋、摘袋、采摘、卖果，共十三篇。果树生长时期的农活技术要领写得清清楚楚，文笔优美，也可当作文学作品来读。

他另外还写了一篇后记，摘录如下：我深知果树管理是一门技术，也是一门艺术，程序繁杂，乐趣无穷，处处体现着智慧和哲学，所以在劳动中，处处留心观察，经常回味把玩。工作之余，利用空闲时间，按果树管理程序记之，与朋友们共享。也希望社会关注苹果产业、关注劳苦大众。组织部的干部成了果树专家了,由此可见,林京广对农村工作是多么的热爱、专注和投入。

我特意去烟台市委组织部组织三科走了一遭,该科负责党支部领办合作社工作,只有一间办公室,四个工作人员,闫科长、周副科长、孙干事和袁干事。每个办公桌上堆得满满当当,全是文件资料。各市、区、县报来的合作社材料都要在这里汇总整理,再从这里不断发出简报,指导下面的工作。有关合作社的文件也在这里起草,请专家教授为农村干部讲课,迎接前来参观学习党支部领办合作社经验的人也由他们接待,四个人忙得焦头烂额,分身无术。孙金良只有26岁,负责文件起草工作。我临走到飞机场时,由他送站。那是一个星期日,我抱歉影响了他休息,他轻轻一笑说,说不上影响,我自从调来组织部,就没有休过星期日,白加黑是工作常态。组织部的年轻人真是值得赞扬。

我在采访过程中,与好几个组织部门的年轻人加了微信,打开他们的微信,看到他们在微信里的个性签名,感到很有意思,从这个角度也可以领略一下组工干部的风采和志向,下面介绍几个人的个性签名。林京广:再坚持一下,天总会亮的。何晶:每个优秀的人都有一段沉默的时光,那段时光,是付出了很多,却得不到结果的日子,我们把它叫作扎根。闫耀玉:做三十年众生牛马,方能成六十年诸佛龙象。戴永旭:真正的修行是遇见自己。纪琳琳:放下执着,放下不甘心,从今以后,只负责精彩自己的人生。牟平区高陵镇党委书记孔苇在一朵小花图案下面写了一首小诗:不劳浇灌与翻耕,石隙荒坡自衍生。漫道身微须苟且，花开朵朵向光明。三里沟村郑晓东：为君贪，必丧其国；为臣贪，必亡其身。

第十二章　机关大院里的灯光

第十三章
创党支部领办合作社的品牌，打造齐鲁样板

招远市大户庄园（烟台组织部供稿）

我在烟台采访临近结束时,向烟台市委组织部李天浩副部长汇报了下乡采访的情况,他也与我谈了烟台市党支部领办合作社发展过程和部里今后的工作安排。

我更详细地了解到:2017年3月,于涛部长从全国两会新闻报道中,了解到一条信息,时任全国政协主席俞正声赞扬《塘约道路》一本书写得好。于部长立即买了这本书,她阅读后推荐给组织部班子成员看。塘约村发展集体经济的模式与烟台市委组织部即将推行的党支部领办合作社的做法不谋而合,而且已经有了先行试点村,如烟台市栖霞市东院头村,取得了一些经验。

2017年,烟台市委组织部在全国创新推行了党支部领办合作社工作,在全市搞了党支部领办合作社11个试点,一年下来,效果很好。2018年扩展到100个示范点,效果更是令人振奋。2018年9月21日,中共中央政治局就实施乡村振兴战略进行第八次学习时,习近平总书记又指出"要把好乡村振兴战略的政治方向,坚持农村土地集体所有制性质,发展新型集体经济,走共同富裕道路。"新修订的《中国共产党支部工作条例(试行)》明确提出"村党支部要组织带领农民群众发展集体经济,走共同富裕道路";新修订的《中国共产党农村基层组织条例》规定"村党支部书记应当通过法定程序担任村集体主任和村级集体经济组织、合作经济组织负责人"。党中央已经指明了实施乡村振兴战略前进的方向。

烟台市委组织部一班人的信心更加坚定了,党支部领办合作社这条路是走对了,符合习近平总书记的讲话精神,方向正确,且取得了示范点成功的实践经验,2019年就在千村范围搞覆盖推广,市委组织部编印了《党支部领办合作社操作实务30问》

小册子，对党支部领办合作社如何开展进行，给予了实务性的具体指导，并介绍了示范点上的成功经验，有力地推动了建合作社的工作。市委组织部在"烟台党建"微信公众号上开设了"党支部领办合作社在行动"专栏，报道各地合作社的先进经验和做法。各市、区、县组织部随之建立了"党支部领办合作社微信公众号"，各个合作社也都建了微信群，利用现代通信手段相互联系，团结会员，反映问题，交流经验，推进合作社的工作。

2019年10月，中信改革发展研究基金会在烟台市举办了"党的领导和乡村振兴"现场研讨会。同年12月，由中国政策研究会、中国社会科学院马列主义学院、中信改革发展研究基金会、北京大学马列主义学院四家单位联合主办的"乡村振兴与发展农民合作社"研讨会上，邀请于涛部长作了大会发言，烟台市党支部领办合作社开始在全国范围引起了关注。

2020年，市委组织部提出全域提升推进党支部领办合作社。市委组织部编写了《组织起来的力量》（烟台市村党支部领办合作社强村富民五十例）一书，市委组织部对每个案例都加注了编者启示，总结推广其经验要点，指导面上的工作。目前，党支部领办合作社在全市已经扩展到2311个。

有人用上面千条线下面一条针来形容乡村工作，党和政府有关涉农部门都在农村开展各自的工作，农村成了聚焦点。如今在烟台市农村工作中，党支部领办合作社已经处于中心工作的地位了，其他工作多围绕中心工作来开展进行，组织部门的责任更加突出了。组织干部冲到了乡村振兴的第一线，大家工作都很辛苦，休息日往往都在继续工作，白加黑成为工作常态。为什么会形成这样一个局面？这是因为，大家都觉得，要想在农村打开工作局面，顺利开展工作，必须依靠村党支部来进行，必须调动发挥农村广大共产党员的积极性。抓党建就抓住了农村工作的牛鼻子，村党支部是实施乡村振兴战略的核心领导和攻坚克难的前哨碉堡。"党建做实了就是生产力、做强了就是竞争力、做细了就是凝聚力。"于涛部长总结出的这三句话，高度概括了烟台市党支部领办合作社的实践经验。

各涉农单位配合党支部领办合作社的工作，出台了本部门工作安排措施。

烟台市农业农村局制定了关于支持村党支部领办合作社发展集体经济的十六条措施：建立联系包扶制度；加强对合作社的指导监督和管理；开展技术培训，提供人才支撑；支持合作社参与评定国家级、省级和市级示范社；与美丽乡村标准化建设相结合；支持发展生态循环农业；加强农机专业合作社建设；推广党支部＋企业＋合作社＋农户的经营模式；深入实施品牌战略；将党支部领办合作社与创建平台建设县相结合；强化实施现代农业产业园工程；优先推荐乡村之星；实施互联网＋现代农业行动；鼓励成立合作社联合社；从政策资金上给予支持；严格考核督查。

烟台市供销社制定了《烟台市供销社系统参与全市党支部领办合作社发展集体经济百村实施方案》，提供八项"定制"服务：全面实施测土配方职能配肥服务；全面实施机防机治和飞防飞治服务；开展水肥一体化服务；提供土壤改良服务；开展农机服务；提供培训服务；开展电商服务；创建培育农产品品牌服务。

烟台市商务局下发了《关于积极参与全市党支部领办合作社

工作的通知》，明确了八项重点工作：搭建全市党支部领办合作社电商平台；依托电商园区开展集中营销；完善电商服务网络；加大合作社工作人员能力培训；推进合作社与超市、餐饮业对接；土地合作社融入流通领域供应链试点体系；组织合作社参会参展；推动合作社加速融入国际市场。

银行系统也开始了对合作社放贷业务，给予资金支持。如蓬莱市农商银行和蓬莱市民生村镇银行等开发信贷新产品，累计为南王街道杏吕、郝家等8个合作社新增授信645万元。对发展成绩突出的村，市财政列支400万元专项资金进行奖励，发挥激励杠杆作用。

组织部、人力资源和社会保障局也出台政策，如蓬莱市出台了《蓬莱市"桑梓人才"雁归工程暂行办法》，纳入全市人才工作大盘子，鼓励返乡创业优秀人才依规入股、合作、租赁等形式参与党支部领办合作社。

在党支部领办合作社股权结构的设计上，必须保证村民和集体占控股地位，要将早期有的合作社外来入股大户的股份比例逐年稀释，外来大户股份比例不超过合作社总股份的20%，集体股不少于10%。党支部书记出任合作社理事长，这是党支部领办合作社不同于社会上其他形式合作社的地方。合作社这种股份结构确保了广大小农户的利益，确保了广大村民在乡村中的主人公地位，确保了村民利益最大化，确保了共同富裕的目标实现。

合作社是独立的经营主体，但它在发展果园现代化种植产业上，缺乏巨额资金的来源和先进技术的引进，也缺乏市场销售的渠道，因此，绝大多数合作社要走招商引资的路，这是一条发展捷径。但是，要走招商合作的路，就得按市场原则实行股份经营。如今土地流转已经有了市场参考价，合作社拥有的土地和其他资源折算成现金入股，市场价值并不大，比如1亩土地流转费，在烟台市市场参考价，连片水地只有300~1000元而已，旱坡地无人问津，而公司企业改建1亩果园的投资在3万元以上，前四年支付村民生活保证金和果园管理费用，又是2万多元。1亩土地流转费就按1000元算，与公司前期投入5万元相比，投资比例是很悬殊的。为保证党支部领办合作社的政治方向不偏、群众利益不损，烟台市提出在与企业合作经营的合作社中，村集体和群众占股要超过50%。

虽然公司企业在将来利润分红上对合作社和村民让了步，但对公司来说，这也是省事合算的事。公司企业如果想整村整片流转农村的土地，他们要与每一个农户签合同，手续十分繁琐麻烦，只要遇上一个不愿流转土地的钉子户，就束手无策了，村委会也无法去协调，地方政府也没有有效的解决办法。公司企业与合作社合作，遇到这方面的麻烦就容易解决了，毕竟农村是一个熟人社会，再任性的村民也不可能与全村人都过不去，村里总会找到能说上话的人去解决矛盾。村集体和合作社不仅为合作的公司企业提供了整块土地，让他们使用农村的公共资源，还组织劳力，为公司企业打工服务，这也为公司企业提供了很大的方便。

合作社实际上是将土地集体所有权和农民承包经营权捆绑在一起，以村里土地等资源入股合作企业中，土地按照市场价格折算成入股资金，以集体的身份保持住了一个股东的地位角色，而且代表了土地出让方，选择合作伙伴时处于主动的地位。这就既保护了集体和村民的利益，使他们能参与分享产业创新带来的丰厚利润。同时又为资本、技术进农村打开了渠道，给公司企业留出了巨大的发展空间。有的公司企业联合了几个乡镇的合作社，规模很大，但是具体操作形式是，在每个村的基地上实行项目管理制度，派出项目经理来操作，每个项目单位单独核算，由合作社派出会计，公司和合作社共同监管，每一笔开支都要经过合作社理事会的审查，确保不会出现监管方面的漏洞，防止贪污腐败现象的发生。各方有利，皆大欢喜。

但是，也有的合作社坚持独立自主经营，比如栖霞市东院头村和蓬莱市北沟镇联合社。这更应该鼓励。蓬莱市东北桥村合作社与科研教学单位对接，将合作社建成了科研教学单位的产学研基地，借势发展，更是一条创新的道路。应该鼓励合作社大胆创新，充分发挥各自的优势，多样化的发展，八仙过海各显神通。

李天浩副部长说：组织部抓党支部领办合作社，要有风险防控意识，高质量地发展。党支部领办合作社各个环节都要规范，做到六统一（章程统一审定、项目统一论证、分配统一规范、财务统一管理、社务统一公开、文档统一保存），市、区、县农业部门和乡镇党委、乡政府要帮助合作社依法、依章办事，指导合作社建立健全会员大会、理事会、监事会等组织机构，依法规范合作社的组织和行为，明晰村集体股份、村民股份和外来股份的利益分配方法，严格执行财务会计制度，建立科学规范的内部管理机制，确保村党支部能干成事不出事。合作社上项目，乡镇党委政府要进行项目评估、风险评估，为合作社主动把关。合作社财政开支也要评估把关，现在有的合作社、村集体的财务管理已经委托会计事务所来打理了。合作社的内部管理机制要正常运转，就要发挥会员对合作社的民主监督的作用；发挥政府对合作社的行政监管作用；发挥党委纪检部门对党组织和党员的纪律监督作用。

合作社要高质量发展，要向现代企业管理学习，管理上也要实现现代化。有的合作社已经自行打出了党支部领办合作社的产品招牌，比如蓬莱市三里沟的馒头系列产品就是这样做的，其生产的馒头产品已经成了蓬莱市市场上畅销品牌了。烟台市委组织部将要开展合作社星级评定，星级标准划为五个等级。同时要推出党支部领办合作社产品专用标识，合作社达到了五星级标准才准许使用党支部领办合作社的专用标识，确保合作社生产的产品质量，以便获得社会的高度认可，将党支部领办合作社打造成一个响当当的品牌，更好地把党支部领办合作社工作推向一个新的高度。

2020年春节时，在新冠肺炎疫情防控期间，市委组织部在网上开设了党支部领办合作社网上销售平台，向社会集中展示了各个合作社所生产的农产品，引起了天南地北用户的关注和购买。市委组织部还主办了一个云招商活动，为合作社引进了24个招商项目，引进资金15亿元。

市委组织部已经连续两年召开了全市各个市、区、县组织部部长参加的全市基层党建观摩会议，参观各地基层党建工作，由参会人员给各个组织部的工作现场打分，前三名在大会上典型发言，介绍经验；后三名在大会上表态发言，找出差距，迎头赶上。这种全市基层党建工作观摩活动，对各市、区、县组织部部长是一种很大的压力，这样就形成了一种争先恐后、比学赶帮的工作竞争态势。

2020年5月8日，山东省加强基层党建推进农村改革攻坚视频会议在济南召开，会议贯彻了习近平总书记关于"三农"工作的重要论述和打造齐鲁样板的重要指示精神，交流经验做法，安排加强基层党建、推进农村改革攻坚重点工作。于涛部长代表烟台市委组织部，在大会上作了党支部领办合作社典型经验介绍发言，受到与会人员的好评。

省委副书记杨东奇指出，要以积极提升组织力为重点，突出政治功能，全面加强农村基层党组织建设，积极推广村党组织领办合作社，促进农村集体增收和农民脱贫致富，持续提升基层治理能力和治理水平。省委组织部长王可讲话中强调：要扎实推进农村基层党组织规范提升，夯实农村改革攻坚的组织基础，大力推进村党组织领办合作社，提升农村基层党组织引领发展能力，创新探索以乡村治理推动乡村振兴的实践路径，为打造乡村振兴齐鲁样板提供坚强保障。同日，《人民日报社》网络版刊发了于涛署名文章《中共烟台市委常委、组织部部长于涛：组织起来，实现乡村振兴》，详细阐述了烟台市党支部领办合作社的发展历程和经验做法。

在中共山东省委的领导推广下，烟台市党支部领办合作社，在新的一年里必将会有一个大的发展。在北京的"三农"问题研究学者纷纷前来烟台市开展调研党支部领办合作社的工作，各地农村工作者前来烟台参观取经，烟台经验正在走向全国，将在实施乡村振兴战略中起到典型示范作用。